LA FUENTE
IBEROAMERICAN JOURNAL FOR CHRISTIAN WORLDVIEW

VOL. 3 | NO. 1, 2023

THE INSPIRED WORD

Editorial   7

William Tyndale:
Translator of the English Bible   11
Steven R. Martins

The Bible, Language, and the
Democratization of Knowledge   37
Vishal Mangalwadi

The Inquisition and Spanish Bible
Translation   53
Russell Galloway

The Dominion of Christ's Kingship   83
Abraham Kuyper

LA FUENTE

IBEROAMERICAN JOURNAL FOR CHRISTIAN WORLDVIEW

VOL. 3 | NO. 1, 2023

LA PALABRA INSPIRADA

Editorial	9
William Tyndale: **Traductor de la Biblia al inglés** *Steven R. Martins*	23
La Biblia, el lenguaje y la **democratización del conocimiento** *Vishal Mangalwadi*	45
La Inquisición y la Traducción **de la Biblia al Español** *Russell Galloway*	67
El Dominio del Reinado de Cristo *Abraham Kuyper*	89

www.cantaroinstitute.org

Published by Cántaro Publications, a publishing imprint of the Cántaro Institute, Jordan Station, ON.

© 2024 by Cántaro Institute. All rights reserved. Except for brief quotations in critical publications or reviews, no part of this book may be reproduced in any manner without prior written consent from the publishers.

Unless otherwise indicated, Scripture quotations are from the ESV® Bible (The Holy Bible, English Standard Version®). Copyright © 2001 by Crossway, a publishing ministry of Good News Publishers. Used by permission. All rights reserved.

A menos que se indique lo contrario, el texto bíblico ha sido tomado de la versión La Biblia de las Américas® (LBLA®), Copyright © 1986, 1995, 1997 por The Lockman Foundation. Usadas con permiso. www.LBLA.com.

Journal design by Steven R. Martins

Translation and Editing by Steven R. Martins and Fernando Clavijo

Library & Archives Canada
ISBN 978-1-990771-50-7

Printed in the United States of America

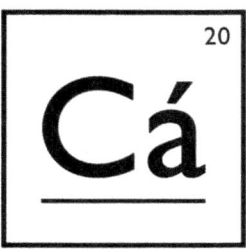

About the Cántaro Institute
Inheriting, Informing, Inspiring

Cántaro Institute is a reformed evangelical organization committed to the advancement of the Christian worldview for the reformation and renewal of the church and culture.

We believe that as the Christian church returns to the fount of Scripture as her ultimate authority for all knowing and living, and wisely applies God's truth to every aspect of life, its missiological activity will result in not only the renewal of the human person but also the reformation of culture, an inevitable result when the true scope and nature of the gospel is made known and applied.

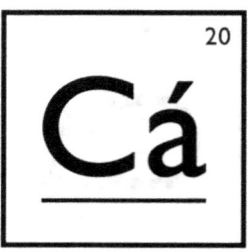

Acerca del Cántaro Institute
Heredar, Informar, Inspirar

El Cántaro Institute es una organización evangélica reformada comprometida con el avance de la cosmovisión cristiana para la reforma y renovación de la iglesia y la cultura.

Creemos que a medida que la Iglesia cristiana regresa a la fuente de las Escrituras como su última autoridad para todo conocimiento y vida, y sabiamente aplica la verdad de Dios a cada aspecto de la vida, su actividad misiológica resultará no solo en la renovación de la persona humana, sino también en la reforma de la cultura, un resultado inevitable cuando la verdadera amplitud y naturaleza del evangelio es expuesta y aplicada.

Editorial

by Cántaro Institute

On April 27, 2023, the Cántaro Institute held its first in-person English-speaking event at Brock University. *The Niagara 2023 Conference* was co-organized between the Cántaro Institute and Brock U's Faith & Life Center. As a first-time event, which marked the official launch of the North American branch of the Institute, the decision was made to focus on the "Inspired Word". The underpinning principle conveyed throughout the event was that, if we hope to understand created reality rightly, we need to view and understand it through the lens of God's inspired, inscripturated revelation. Institute founder Steven R. Martins opened the conference with a lecture on that note, and was later followed by Wesley Huff of Apologetics Canada, Scott Masson of Tyndale University, and the Christian Indian philosopher and best-selling author Vishal Mangalwadi. All the conference sessions are available to view on the Institute's Youtube Channel. In retrospect, the event was well-attended, the Faith & Life Center was packed to the brim, several books were sold by the Institute and Paideia Press, and a local Christian magazine, *Christian Renewal*, covered the event in their subsequent May issue.

In light of the success of our first conference, we decided to center the focal point of this year's *La Fuente* on the "Inspired Word", with contributions by Martins, Mangalwadi, Russell Galloway, and a feature of an old but still relevant article by Abraham Kuyper. In Martin's article, we read of the heroic efforts of William Tyndale to translate the Bible into the English language. In Mangalwadi's article, we read of how the Bible brought about the democratization of knowledge in India. In Galloway's article, we read of the history of the Spanish translation of the Bible. And to close our issue on a high mark, we have Kuyper exhorting believers to embrace the comprehensive worldview provided by Scripture, beginning with an understanding of Christ's Lordship.

Now in its third year, *La Fuente* has been downloaded thousands of times all over the world, from Europe, to the Americas, Africa, and even Asia. It has always been our desire to bridge the gap between the seminarian and the layperson, and to inherit, inform, and inspire as per the Institute's operational activities, advancing the Christian worldview for the reformation and renewal of the church and culture. If you would like to help us in keeping *La Fuente* free, prayerfully consider supporting the Cántaro Institute.

Editorial

por el Cántaro Institute

El 27 de abril de 2023, el Cántaro Institute celebró su primer evento presencial en inglés en la Universidad de Brock. *La Conferencia Niagara 2023* fue coorganizada entre el Cántaro Institute y el Centro de Fe y Vida de la Universidad de Brock. Como evento por primera vez, que marcó el lanzamiento oficial de la sucursal norteamericana del Instituto, se tomó la decisión de centrarse en la "Palabra Inspirada". El principio subyacente transmitido a lo largo del evento fue que, si esperamos entender correctamente la realidad creada, necesitamos verla y entenderla a través del lente de la revelación inspirada y escriturada de Dios. El fundador del Instituto, Steven R. Martins, inauguró la conferencia con una conferencia sobre ese tema, y luego fue seguido por Wesley Huff de Apologetics Canada, Scott Masson de Tyndale University, y el filósofo indio cristiano y autor Vishal Mangalwadi. Todas las sesiones de la conferencia están disponibles para ver en el Canal de Youtube del Instituto. En retrospectiva, el evento tuvo una buena asistencia, el Centro de Fe y Vida estaba lleno hasta el borde, se vendieron varios libros por el Instituto y Paideia Press, y una revista cristiana local, *Christian Renewal*, cubrió el evento en su número de mayo subsiguiente.

A la luz del éxito de nuestra primera conferencia, decidimos centrar el punto focal de la edición de este año de *La Fuente* en la "Palabra Inspirada", con contribuciones de Martins, Mangalwadi, Russell Galloway y un artículo antiguo, pero aún relevante, de Abraham Kuyper. En el artículo de Martins, leemos sobre los esfuerzos heroicos de William Tyndale para traducir la Biblia al idioma inglés. En el artículo de Mangalwadi, leemos cómo la Biblia trajo la democratización del conocimiento en la India. En el artículo de Galloway, leemos sobre la historia de la traducción de la Biblia al español. Y para cerrar nuestra edición con una nota alta, tenemos a Kuyper exhortando a los creyentes a abrazar la cosmovisión integral proporcionada por las Escrituras, comenzando con un entendimiento del señorío de Cristo.

Ahora en su tercer año, La Fuente ha sido descargada miles de veces en todo el mundo, desde Europa hasta las Américas, África e incluso Asia. Siempre ha sido nuestro deseo cerrar la brecha entre el seminarista y el laico, y heredar, informar e inspirar según las actividades operativas del Instituto, avanzando la cosmovisión cristiana para la reforma y renovación de la iglesia y la cultura. Si deseas ayudarnos a mantener *La Fuente* de forma gratuita, considere apoyar al Cántaro Institute.

William Tyndale:
Translator of the English Bible

by Steven R. Martins

An Uncelebrated Profile

WHEN WE REFER generally to the protestant reformation, the most prolific reformers that may first come to mind are Martin Luther, John Calvin, and Ulrich Zwingli. There may even be others, given that the reformation exploded across Europe, advancing past national borders faster than any army in history could ever hope to achieve. It was a movement that had a global impact, in which its effect and influence stretched well beyond the sixteenth century. However, when surveying the long list of protestant reformers, there is one who is most often forgotten in our recollections, one who is often not given his due as he rightly deserves. It might even be said, despite his significant contribution to the reformation and the development of English literature, that he is one of the most uncelebrated profiles in our day and age. This reformer is the Englishman William Tyndale (1494-1536) of Gloucester.

Tyndale may be well known by name, given that there is both a university and seminary named after him in Toronto, Canada and a publishing house in Illinois, USA. However, familiarity with his life and struggles as a protestant reformer is not as well-known amongst the Christian populace. Tyndale was not an insignificant individual, nor was he unlearnt. He was a student at both Oxford and Cambridge, an excellent scholar, and a proficient speaker of seven languages, including ancient Hebrew and Greek. He also served as a Catholic priest for a time, prior to his major translation project of the Bible.

Later in his life, during his time at Magdalen Hall, what would later be referred to as Hertford College of Oxford University, it is said that "Tyndale had been drawn to Protestant ideas," and those ideas, which emerged from the protestant reformation, led him to a recovery of biblical truth. These protestant ideas were reformational principles, which Tyndale secretly taught to some of his students. However, it was not long until his teaching became more public. He preached, for example, "in the common place called Saint Austen's Green (in front of the church)" after his ordination, where his ideas of reform caused an uproar with local authorities. Yet even with the opposition, Tyndale was not a man to shy away from conflict, not when the clear teaching of Scripture was the object of assault. Instead, he dominated debates with excellent argumentation and exact citations of scriptural texts, often leaving his opponents in defeated silence.

In retrospect, it is of little surprise to scholars and historians that the sixteenth-century Catholic church, its papacy, and the English state, came to regard Tyndale as a threat to the religious social order when he made his mission clear to translate the Bible into English. If he was a formidable opponent in his own right, standing his ground on the truth of Scripture, how could either the Catholic church or state handle other little Tyndales that might emerge as a result of the Scriptures being available in the vernacular, English tongue? He was threatening to turn "the world upside down" (Acts 17:6), as with the rest of the protestant reformers, and he did just that in faithful service to his Lord.

Minor or Major Contribution?

Tyndale, in the year 1522, conceived the project of translating the Bible into English, which at the time was not available to the common layperson. It was not simply a matter of cost. It was illegal to translate, much less distribute, the Bible in the people's native tongue, and because of its illegality, the bishop Tunstall of London turned down Tyndale's request for support and funding. As a result, Tyndale fled England and managed to commence the printing of his first New Testament translation in Cologne, sometime in 1525, and when he was disrupted by the local magistrates, he finished printing in Worms that same year. His English copies were eventually smuggled into England, and to prevent the public sale of Tyndale's New Testament, the Catholic authorities purchased all smuggled copies, not realizing that they were helping to fund Tyndale's further work.

WILLIAM TINDALE.

Tyndale's contribution to the Reformation may be commonly passed over in favor of the contributions of Luther, Calvin, or Zwingli, but what Tyndale accomplished was nothing minor. He "insisted on the authority of Scripture" and he believed that every person should have access to God's word, and it was this conviction that led him to sacrifice his own life to carry out his project, even adopting the pseudonym "William Huchyns" in order to conceal his own identity. What Tyndale had accomplished was the English translation of the New Testament from the Greek, the Pentateuch (1530), the prophet Jonah (1531), and the historical books of Joshua to 2nd Chronicles, which were left on manuscripts, from the Hebrew. This was no easy task, especially considering that there was a price on his head, but he was eager to complete his work, revise his translations, and encourage the sale of the English New Testament (not for profit, but for the reimbursement of expenses), despite the Catholic church's condemnation.

Knowing full well of the opposition in England, Tyndale assured readers that though papal officials were against English Bibles for whatever unbiblical reasons they could conjure, Christians should feel no guilt in delighting themselves in the word of God, in their own language. As he wrote:

> Let it not make thee despair, neither yet discourage thee, O reader, that it is forbidden thee in pain of life and goods, or that it is made breaking of the king's peace, or treason unto his highness, to read the Word of thy soul's health – for if God be on our side, what matter maketh it who be against us, be they bishops, cardinals, popes?

To understand Tyndale's contribution to the Reformation, we must ask just how the Reformation could have advanced if laypersons could not have read the Bible for themselves. The result would have been another set of religious elites akin to Romanism, on whom Christians must depend for the interpretation and communication of the Scriptures, with no means of verifying what the Christian Scriptures actually say.

What Tyndale accomplished, along with others who were involved in the translation of the Bible into different languages, was providing laymen with the opportunity to read the Bible for themselves, in this manner their beliefs would not be based on the teachings of Monks, Bishops, or Popes, but on Scripture alone. This was one of the five principles of the reformation, *Sola Scriptura*, and Bible translators made that a reality for many Christians, even under intense persecution.

As the historian David Teems writes in *Tyndale: The Man Who Gave God an English Voice*:

> Imagine hearing [the Bible] for the first time, especially after being denied this most primary exchange for centuries. God is no longer hoarded or kept at a distance. He is flush, lucent. And he sounds like you sound. He uses your words, your patterns and rhythms. There is no longer a wall or a divide, at least not by way

of speech. The generosity is overwhelming.

It was Tyndale's passion to make God known to all people, not only to the monarchs or religious elites of Romanism but to the orphan, to the plowboy, to the commoner. He discerned the corruption of the sixteenth-century Catholic church, the tyranny of the Pope, and the venom of false teachings found contrary to Scripture (which is what led Luther to write his *Ninety-Five Theses*), and thus believed that the God of the church should not be the distant god of Romanism, but rather the God of Scripture who speaks to us directly. His translation of the New Testament was not merely a literary work, but also, as led by the Spirit of God, a theological work where the Roman Christ was refuted by making known, with clarity, the biblical Christ to all people. As Teems writes:

> Jesus was no longer the agonized, bleeding, silent, suspended, crucified figure, but a personal, communicative God; a divine, benevolent monarch; a most indifferent God who cared nothing for the usual social conventions – wealth, family name, or how big one's house is. This [biblical] representation of Christ was counter to the Roman image…

He not only refuted Roman Christianity. He made clear in plain language the true God of Scripture and His will and purposes for all of creation. And in doing so, Tyndale even unwittingly contributed to the development of English literature.

We may not be fully conscious of it, but the common English language of our day owes more to Tyndale than it does to Shakespeare. Even the King James Bible owes more to Tyndale's early translations than the 47 scholars of the Church of England. He did, after all, introduce as early as 1530 the words *network*, *Passover*, *intercession*, and *atonement*, amongst others to the English language.

We can, for example, perceive the influence Tyndale had on Shakespeare's prose in the following passages:

> The eye of man hath not heard, the ear of man hath not seen, man's hand is not able to taste, his tongue to conceive, nor his heart to report, what my dream was.
> (William Shakespeare, *A MidSummer Night's Dream*, IV, I, 216-220)

> The eye hath not seen, and the ear hath not heard, neither have entered into the heart of man, the things which God hath prepared for them that love him.
> (1 Corinthians 2:9, *The William Tyndale New Testament*, 1526)

As the historian David Daniell comments on Tyndale's contribution to English literature:

> Luther is often praised for having given, in the 'September Bible,' a language to the emerging German nation. In his Bible translations, Tyndale's conscious use of everyday words, without inversions, in a neutral word-order, and his wonderful ear for rhythmic patterns, gave to English not only a Bible language, but a new prose. England was blessed as a nation in that the language of its principal book, as the Bible in English rapidly became, was the fountain from which flowed the lucidity, suppleness and expressive range of the greatest prose thereafter.

To put it simply, if Tyndale had not translated the New Testament, there would have been no King James Bible, there would have been no Shakespeare, and the English language would have been very different today, for we speak "Tyndalian." Tyndale's contribution to the Reformation and the development of English literature cannot be underestimated, he played a vital role in God's providential plan in history.

This all came at a cost, of course. Despite fleeing England for safe harbours so that he might finish his translation project, Tyndale was betrayed by a man named Henry Phillips, handed over to the authorities, and declared a heretic. He was executed by strangling, and his body burned, but this was not unexpected for Tyndale, he knew sooner or later that the Lord would call him home. Though he was homesick for England throughout his travels, he knew what it meant to suffer for greater glory, and glory not his own *but Christ's alone*. The more time he spent translating God's word, the more relief and peace he found in it, for the God in whom he found comfort was not the god of Romanism, but the true God of Holy Scripture.

The date of his martyrdom was October 6, 1536, and prior to his public execution, he prayed aloud: "Lord, open the King of England's eyes!" Even in the face of death, as a humble man being led away to the slaughter, he imitated Christ and interceded for his persecutors.

The Faithful Witness of Tyndale

The legacy of Tyndale lives on today, not only in our history books, but in our English Bibles, in Shakespeare's prose, and in the English language of the anglosphere. His life testimony also speaks to us, irrespective of our native language, challenging us to heed Scripture, for his life was a reflection of biblical teaching; and though not perfect, he was a faithful witness enabled by the grace and strength of God. In this brave life, we find four lessons that the church ought to embrace: (i) the missional heart to see God's word proclaimed without any communicative barriers; (ii) the denial of the self to follow the call and will of God and not what future this world system may offer us; (iii) the faithful witness of surrendering to God's word as the final authority for all knowledge; and (iv) the refutation of all false teachings so that the true thesis of God's word may be made known to all people.

The problem that Tyndale perceived in England was not the lack of biblical teaching (though there was enough falsehood to go around), for he could read and teach the Bible in its Hebrew, Greek, or Latin languages, rather, it was the commoner's lack of access to the Bible. To provide a bit of context, Tyndale wrote of the many hurdles that lay between himself and the Bible at the time:

> In the Universities they have ordained that no man shall look at the scripture, until he be noselled in heathen learning eight or nine years, and armed with false principles; with which he is clean shut out of the understanding of scripture… And then, when they be admitted to study divinity, because the scripture is locked up with such false expositions, and with false principles of natural philosophy, that they cannot enter in, they go about the outside, and dispute all their lives about words and vain opinions…

You can imagine now just how difficult it was for people to have access to a Bible in their own language, the church authorities made it nearly impossible, the universities were of no help, and if you did not know the biblical languages, or Latin at the very least, then you were left off with an elite few who dictated the meaning God's word. However, Tyndale was not content with this, the burning passion of his missional heart was to see a humble plowboy read Scripture in his own tongue, to see God's word proclaimed to all people irrespective of their language.

We might perhaps think that we do not face a similar problem as Tyndale, which ought to improve our missional efforts, especially with organizations such as the Gideons International and the Canadian Bible Society providing Bibles in various languages. But the truth of the matter is, in our current pagan society, we *do* need to translate the gospel into terms that people can understand. After all, you cannot speak of sin, salvation, and redemption, either of the person or of the whole created order, without explaining their meaning

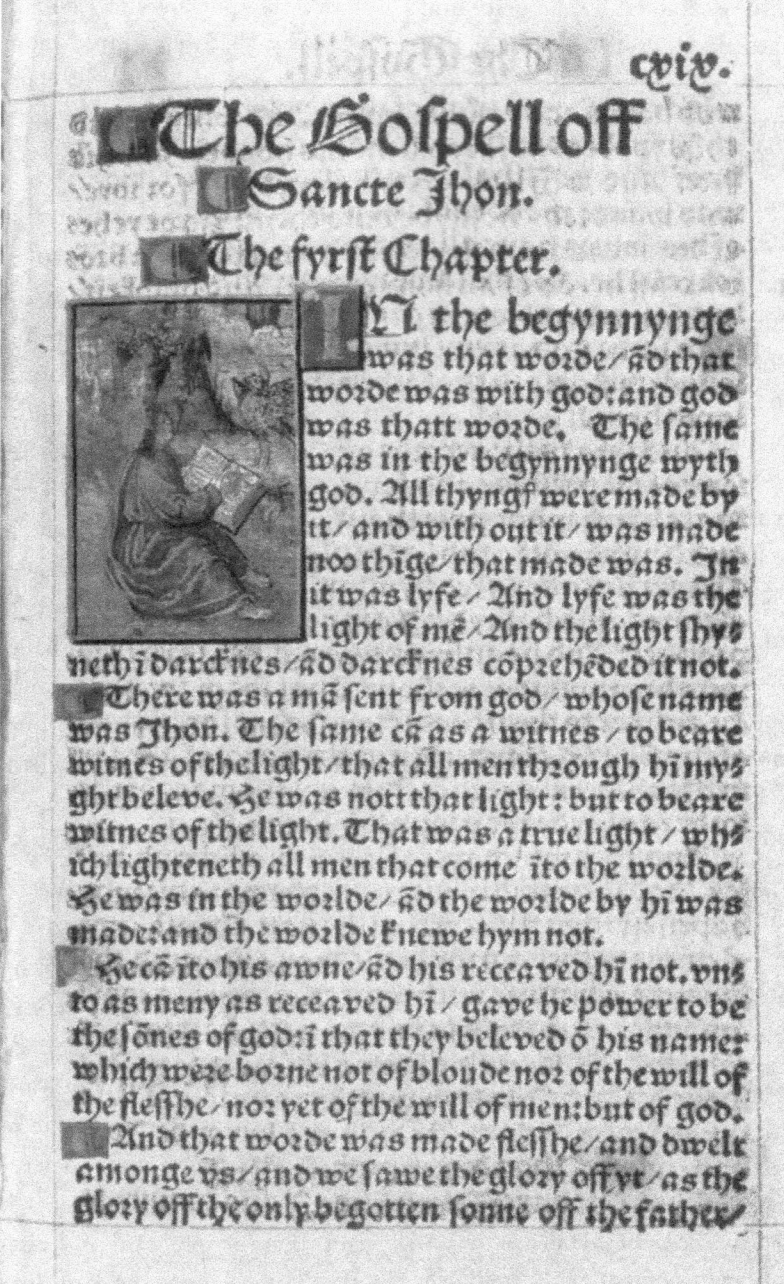

The beginning of the Gospel of John, from Tyndale's 1525 translation of the New Testament.

from the Christian worldview, otherwise, you might have these terms reinterpreted by the unbeliever from their religious worldview. It is our calling to demonstrate the truth of Scripture, but to do so with clarity, not speaking above the people's understanding. Biblical truth, however, is not altogether new to the unbeliever. Though perhaps not consciously aware of it, by virtue of being created in the image of God, the truth of the gospel will resonate within his heart.

We must make every effort, therefore, to proclaim the whole counsel of God, to make clear God's will and purposes for creation as revealed in His word, and to stress our need to be reconciled to our sovereign and righteous Creator through our Lord Jesus Christ who paid our sin-debt in full. This was Tyndale's missional heart, that man might know God, not only by natural revelation, and not through the illegitimate mediation of the pope – for the *noetic* effects of sin have steered us off – but through God's personal life-giving word, that by the illumination of the Holy Spirit, we might know the truth.

Tyndale also offers us a portrait of his own life, of the man carrying his own cross (Matt. 16:24-26). As a priest and scholar, proficient in seven languages, and skilled in debating, he would have had a successful career in the Catholic church, perhaps becoming a bishop, archbishop, or who knows what else. He would have been well taken care of, widely praised, and locally celebrated, but though this was the ambition of many, it was not Tyndale's. If it was within God's will that he receive such accolades, he would not have minded, but seeing that he did not falter in his calling and that he continued even under persecution, it was clear that vain ambition was not his heart's desire, it was to see God's will done above all else. He was called to right a wrong, convicted to carry through his project, whether imprisoned or free, for as long as the truth of God's word was being assaulted, and as long as the people had no access to God's word to know for themselves the whole counsel of God, he would not yield, not until he had fulfilled his calling.

In the same way, we ought to imitate Tyndale, our brother in the faith who is now in the Lord's presence, in denying ourselves our selfish passions and ambitions, to cast aside as worthless the future that this sinful world might offer us and to put our hands to the plow to fulfill God's will and purpose for our lives. That is not to say that we ought to live in exile, or that we ought to avoid vocations in the public sphere, but rather that we put God's will over our will, that we serve Him wherever that may be, unafraid of potential chastisement for making the gospel known to all men, and for applying God's truth to the public square. If Tyndale could have carried out his project and reform within the Catholic church, he would have done so, this is why he had requested the support of bishop Tunstall, but it was God's will that he be on the run, suffering alongside the Protestants for a greater glory, and for the advancement of God's kingdom, unhindered by false teachings. Similarly, we must be willing to serve our Lord, come what may, for we serve a "benevolent monarch" who reigns and rules over all creation, and to be used as an instrument for his glory would be the most wonderful delight. Even if we receive no praise for our accomplishments, Jesus assures us: "Your Father who sees in secret will reward you" (Matt. 6:4).

Tyndale was also a faithful witness to biblical authority. He insisted on the authority of God's word, as made clear in his critique of the universities of his time, believing that God's word was the *final authority* for all knowledge. As he wrote, "I perceived how that it was impossible to establish the lay people in any truth, except the scripture were plainly laid before their eyes in their mother-tongue." This view of scripture was, essentially, the root of *Sola Scriptura*, but it would be many more centuries until this was much more fully developed. We can thank the theologian Cornelius Van Til (1895-1987), for example, who helped to develop a reformed understanding of Scripture's relation to epistemology and apologetic methodology. He writes, concerning biblical authority, that:

> The Bible is at the center of not only of every [seminary] course, but of the curriculum as a whole [Christian theism as a unit]. The Bible is thought of as authoritative on everything of which it speaks. Moreover, it speaks of everything... either directly or by implication... This view of Scripture involves the idea that there is nothing in this universe on which human beings can have full and true information unless they take the Bible into account.

In other words, the Bible not only tells us about Christ and His atoning work for humanity, it also tells us about who God is, and where our universe comes from. It provides us with history, and also with a philosophy of history. Essentially, if Scripture is not our starting point for all knowledge, though we may claim to know things, we cannot explain *how* we know things, or *how* we can make sense of things. We all have something we regard as our ultimate self-referential authority, it might be man's word (his rationality), some other religious book (the Qur'an, the Vedas, the Pali Canon, etc.), or the Christian Scriptures. What Tyndale held to be true, what the reformers held to be true, and what remains true (despite the claims of our present pagan society) because God is true, is that only from the Christian Scriptures can you *truly* know things. We must, in the same way, adopt the same presuppositions of Scripture, for as God's word it is morally binding and true for all people, irrespective of their own beliefs.

It is for this reason that Tyndale sought to translate God's word into English, so that he would not alone refute the false teachings of Romanism, but enable others to read the truth of God and correct falsehoods for generations to come. He was a defender of the faith in a way that all Christians should be, refuting any philosophy of life and any of its subcomponents that are contrary to the philosophy of Scripture, and making clear what God's truth really is. God's word, therefore, is the true *thesis*, and anything contrary to it is the *antithesis*, and no matter what man might say in an effort to argue for a different "truth", as a creature, he is subject to his Creator, and he cannot erase or reshape God's creation as he sees fit. In the spirit of the reformation, holding fast to the five *Solas* which are rooted in Scripture, let us vindicate "the Christian philosophy of life against the various forms of the non-Christian philosophy of life," as the apostle Paul wrote to the Greek church of Corinth, to "destroy arguments and every lofty opinion raised against the knowledge of God, and take every thought captive to obey Christ" (2 Cor. 10:5).

Though forgotten by most, as the historian Teems claims, Tyndale's legacy lives on. It lives on with every English Bible translation, and with every "Tyndalian" expression we might use. May his life and martyrdom inspire us to live fully surrendered lives in service to our sovereign Lord Jesus Christ, proclaiming the good news of the gospel to and for all of creation, defending the truth and exposing the lie, and glorifying God alone (*Soli Deo Gloria*) in all we do as we delight in fulfilling the will of the Triune God of Scripture. As Tyndale had written, "There is no work better than to please God; to pour water, to wash dishes, to be a cobbler, or an apostle, all are one; to wash dishes and to preach are all one, as touching the deed, to please God."

Endnotes

i. M. Galli and T. Olsen, *131 Christians Everyone Should Know* (Nashville, TN.: Broadman & Holman Publishers, 2000), 348.

ii. Benson Bobrick, *Wide as the Waters: The Story of the English Bible and the Revolution it Inspired* (New York, NY.: Penguin Group, 2002), 89.

iii. Ibid.

iv. Ibid.

v. F.L. Cross and E.A. Livingstone, eds., *The Oxford Dictionary of the Christian Church*, 3rd edition revised (New York, NY.: Oxford University Press, 2005), 1660.

vi. Donald L. Brake, *A Visual History of the English Bible: From Medieval Manuscripts to Contemporary Translations* (Grand Rapids, MI.: Baker Books, 2008), 100.

vii. Cross and Livingstone, *The Oxford Dictionary of the Christian Church*, 1660.

viii. Ibid.

ix. Brake, *A Visual History of the English Bible*, 100.

x. Cited in Galli and Olsen, *131 Christians Everyone Should Know*, 348.

xi. See Julián Castaño, *Sola Scriptura: La Autoridad de la Biblia* (Toronto, ON.: La Represión de la Verdad, 2016).; Matthew Barrett, *God's Word Alone: The Authority of Scripture* (Grand Rapids, MI.: Zondervan, 2016).

xii. Teems, *Tyndale*, xx-xxi.

xiii. Ibid., 132.

xiv. Ibid., xix-xx.

xv. David Daniell, *The Bible in English: Its History and Influence* (New Haven: Yale University Press, 2003), 436.

xvi. Teems, *Tyndale*, xix-xx.

xvii. Cited in Ibid., xxi.

xviii. David Daniell, *William Tyndale: A Biography* (New Haven: Yale University Press, 1994), 116.

xix. Brian Borgman, "William Tyndale - To Scatter the Roman Darkness by this Light,", Sermon Audio: Grace Community Church, 2007, accessed December 13, 2016, http://www.sermonaudio.com/sermoninfo.asp?SID=91513162371.

xx. Galli and Olsen, *131 Christians Everyone Should Know*, 348.

xxi. Cited in Ibid.

xxii. William Tyndale, "Practice of Prelates," in *Expositions and Notes on Sundry Portions of the Holy Scriptures together with the Practice of Prelates*, ed. H. Walker (1849; repr., Cambridge: Cambridge University Press, 1968), 291.

xxiii. Galli and Olsen, *131 Christians Everyone Should Know*, 348.

xxiv. Teems, *Tyndale*, 132.

xxv. Cited in Henry Eyster Jacobs, *The Lutheran Movement in England during the Reigns of Henry VIII, and Edward VI, and Its Literary Monuments* (PA.: G.W. Frederick, 1890), 16.

xxvi. Cornelius Van Til, *Christian Apologetics*, Second Edition, ed. William Edgar (Phillipsburg, NJ.: P&R Publishing, 2003), 19-20.

xxvii. Ibid., 20.

xxviii. Ibid., 17.

xxix. Teems, *Tyndale*, xix.

xxx. *William Tyndale*, Protestant Reformers, 2016, accessed December 14, 2016, http://www.protestantreformers.com/william-tyndale-quotes/.

William Tyndale:
Traductor de la Biblia al inglés

por Steven R. Martins

Un Perfil Poco Celebrado

Cuando nos referimos en general a la Reforma Protestante, los reformadores más prolíficos que pueden venir a la mente son Martin Lutero, Juan Calvino y Ulrico Zwinglio. Puede que incluso haya otros, dado que la Reforma se expandió por toda Europa, avanzando más allá de las fronteras nacionales más rápido de lo que cualquier ejército en la historia podría esperar lograr. Fue un movimiento que tuvo un impacto global, en el que su efecto e influencia se extendieron mucho más allá del siglo XVI. Sin embargo, al examinar la larga lista de reformadores protestantes, hay uno que a menudo se olvida en nuestros recuerdos, uno que a menudo no se le da el reconocimiento que merece. Incluso podría decirse, a pesar de su contribución significativa a la Reforma y al desarrollo de la literatura inglesa, que es uno de los perfiles más poco celebrados en nuestros días. Este reformador es el inglés William Tyndale (1494-1536) de Gloucester.

Tyndale puede ser conocido por su nombre, dado que hay tanto una universidad como un seminario con su nombre en Toronto, Canadá, y una editorial en Illinois, EE. UU. Sin embargo, la familiaridad con su vida y sus luchas como reformador protestante no es tan conocida entre la población cristiana. Tyndale no fue una persona insignificante, ni fue ignorante. Fue estudiante tanto en Oxford como en Cambridge, un excelente académico y un hábil hablante de siete idiomas, incluidos el hebreo antiguo y el griego. También sirvió como sacerdote católico por un tiempo, antes de su importante proyecto de traducción de la Biblia.

Más tarde en su vida, durante su tiempo en Magdalen Hall, lo que más tarde se conocería como el Hertford College de la Universidad de Oxford, se dice que "Tyndale se había sentido atraído por las ideas protestantes", y esas ideas, que surgieron de la Reforma Protestante, lo llevaron a una recuperación de la verdad bíblica. Estos principios reformacionales eran ideas que Tyndale enseñaba secretamente a algunos de sus estudiantes. Sin embargo, no pasó mucho tiempo antes de que su enseñanza se hiciera más pública. Predicó, por ejemplo, "en el lugar común llamado Saint Austen's Green (frente a la iglesia)" después de su ordenación, donde sus ideas de reforma provocaron un alboroto con las autoridades locales. Sin embargo, incluso con la oposición, Tyndale no era un hombre que evitara el conflicto, no cuando la clara enseñanza de las Escrituras era el objeto de ataque. En cambio, dominaba los debates con una excelente argumentación y citas exactas de textos bíblicos, dejando a menudo a sus oponentes en un silencio derrotado.

En retrospectiva, no sorprende a eruditos e historiadores que la Iglesia católica del siglo XVI, su papado y el estado inglés, llegaran a considerar a Tyndale como una amenaza para el orden social religioso cuando dejó claro su propósito de traducir la Biblia al inglés. Si él mismo era un formidable oponente, defendiendo con firmeza la verdad de las Escrituras, ¿cómo podrían la Iglesia católica o el estado manejar a otros pequeños Tyndales que pudieran surgir como resultado de que las Escrituras estuvieran disponibles en el vernáculo, la lengua inglesa? Era amenazante "dar vuelta al mundo" (Hechos 17:6), al igual que el resto de los reformadores protestantes, y eso es exactamente lo que hizo en fiel servicio a su Señor.

¿Contribución Menor o Mayor?

Tyndale, en el año 1522, concibió el proyecto de traducir la Biblia al inglés, la cual en ese momento no estaba disponible para la persona común. No se trataba simplemente de un tema de costos. Era ilegal traducir, y mucho menos distribuir, la Biblia en la lengua nativa del pueblo, y debido a su ilegalidad, el obispo Tunstall de Londres rechazó la solicitud de Tyndale de apoyo y financiamiento. Como resultado, Tyndale huyó de Inglaterra y logró iniciar la impresión de su primera traducción del Nuevo Testamento en Colonia, en algún momento de 1525, y cuando fue interrumpido por las autoridades locales, terminó la impresión en Worms ese mismo año. Sus copias en inglés fueron eventualmente contrabandeadas a Inglaterra y, para

WILLIAM TINDALE.

evitar la venta pública del Nuevo Testamento de Tyndale, las autoridades católicas compraron todas las copias de contrabando, sin darse cuenta de que estaban contribuyendo a financiar el trabajo continuo de Tyndale.

La contribución de Tyndale a la Reforma puede ser comúnmente pasada por alto en favor de las contribuciones de Lutero, Calvino o Zwinglio, pero lo que Tyndale logró no fue algo menor. "Insistía en la autoridad de las Escrituras" y creía que cada persona debería tener acceso a la palabra de Dios, y fue esta convicción la que lo llevó a sacrificar su propia vida para llevar a cabo su proyecto, incluso adoptando el seudónimo "William Huchyns" para ocultar su propia identidad. Lo que Tyndale logró fue la traducción al inglés del Nuevo Testamento desde el griego, el Pentateuco (1530), el profeta Jonás (1531) y los libros históricos de Josué a 2 Crónicas, que quedaron en manuscritos, desde el hebreo. Esto no fue una tarea fácil, especialmente teniendo en cuenta que había un precio por su cabeza, pero estaba ansioso por completar su trabajo, revisar sus traducciones y fomentar la venta del Nuevo Testamento en inglés (no con fines de lucro, sino para el reembolso de gastos), a pesar de la condena de la iglesia católica.

Teniendo pleno conocimiento de la oposición en Inglaterra, Tyndale aseguró a los lectores que, aunque los funcionarios papales estuvieran en contra de las Biblias en inglés por cualquier razón no bíblica que pudieran inventar, los cristianos no deberían sentir culpa al deleitarse en la palabra de Dios en su propio idioma. Como escribió:

> No te desesperes, ni te desanimes, oh lector, aunque te esté prohibido bajo pena de vida y bienes, o que sea considerado una violación de la paz del rey o traición a su alteza, leer la Palabra de la salud de tu alma, porque si Dios está de nuestro lado, ¿qué importa quiénes estén en contra, ya sean obispos, cardenales o papas?

Para entender la contribución de Tyndale a la Reforma, debemos preguntarnos cómo podría haber avanzado la Reforma si los laicos no hubieran podido leer la Biblia por sí mismos. El resultado habría sido otro conjunto de élites religiosas similares al romanismo, en quienes los cristianos deberían depender para la interpretación y comunicación de las Escrituras, sin medios para verificar lo que realmente dicen las Escrituras cristianas.

Lo que Tyndale logró, junto con otros que participaron en la traducción de la Biblia a diferentes idiomas, fue brindar a los laicos la oportunidad de leer la Biblia por sí mismos, de modo que sus creencias no se basaran en las enseñanzas de monjes, obispos o papas, sino únicamente en la Escritura. Este fue uno de los cinco principios de la Reforma, *Sola Scriptura*, y los traductores de la Biblia hicieron que esto fuera una realidad para muchos cristianos, incluso bajo una intensa persecución.

Como escribe el historiador David Teems en *Tyndale: The Man Who*

Gave God an English Voice:

> Imagina escuchar [la Biblia] por primera vez, especialmente después de haber sido privado de este intercambio tan fundamental durante siglos. Dios ya no se guarda o mantiene a distancia. Él es pleno, resplandece. Y suena como tú suenas. Utiliza tus palabras, tus patrones y ritmos. Ya no hay un muro o una división, al menos no en cuanto al lenguaje. La generosidad es abrumadora.

Fue la pasión de Tyndale hacer que Dios fuera conocido por todas las personas, no solo por los monarcas o las élites religiosas del romanismo, sino también por el huérfano, el boyero, el plebeyo. Discernió la corrupción de la iglesia católica del siglo XVI, la tiranía del Papa y el veneno de las enseñanzas falsas encontradas en contradicción con las Escrituras (lo que llevó a Lutero a escribir sus *Noventa y Cinco Tesis*). Por lo tanto, creía que el Dios de la iglesia no debería ser el dios distante del romanismo, sino más bien el Dios de las Escrituras que nos habla directamente. Su traducción del Nuevo Testamento no fue simplemente una obra literaria, sino también, guiada por el Espíritu de Dios, una obra teológica donde el Cristo romano fue refutado al dar a conocer, con claridad, al Cristo bíblico a todas las personas.

Como escribe Teems:

> Jesús ya no era la figura agonizante, sangrante, silenciosa, suspendida, crucificada, sino un Dios personal y comunicativo; un monarca divino y benevolente; un Dios muy indiferente que no se preocupaba por las convenciones sociales habituales, como la riqueza, el linaje familiar o el tamaño de la casa de uno. Esta representación [bíblica] de Cristo iba en contra de la imagen romana...

No solo refutó al cristianismo romano. Dejó claro, en un lenguaje sencillo, el verdadero Dios de las Escrituras y Su voluntad y propósitos para toda la creación. Y al hacerlo, Tyndale incluso contribuyó sin saberlo al desarrollo de la literatura inglesa.

Puede que no seamos plenamente conscientes de ello, pero el lenguaje inglés común de nuestros días debe más a Tyndale que a Shakespeare. Incluso la Biblia del Rey Jaime debe más a las primeras traducciones de Tyndale que a los 47 eruditos de la Iglesia de Inglaterra. Después de todo, él introdujo palabras como *network* (red), *Passover* (Pascua), *intercession* (intercesión) y *atonement* (expiación), entre otras, al idioma inglés ya en 1530.

Podemos percibir, por ejemplo, la influencia que Tyndale tuvo en la prosa de Shakespeare en los siguientes pasajes:

> The eye of man hath not heard, the ear of man hath not seen, man's hand is not able to taste, his tongue to conceive, nor his heart to report, what my dream was. (William Shakespeare, *A MidSummer Night's Dream*, IV, I, 216-220)

> The eye hath not seen, and the ear hath not heard, neither have entered into the heart of man, the things which God hath prepared for them that love him. (1 Corinthians 2:9, *The William Tyndale New Testament*, 1526)

Como comenta el historiador David Daniell sobre la contribución de Tyndale a la literatura inglesa:

> Lutero es a menudo elogiado por haber dado, en la "Biblia de Septiembre", un idioma a la naciente nación alemana. En sus traducciones de la Biblia, el uso consciente de Tyndale de palabras cotidianas, sin inversiones, en un orden de palabras neutro, y su maravilloso oído para los patrones rítmicos, dieron al inglés no solo un lenguaje bíblico, sino una nueva prosa. Inglaterra fue bendecida como nación en que el lenguaje de su libro principal, como rápidamente se convirtió la Biblia en inglés, fue la fuente de la cual fluyó la lucidez, flexibilidad y rango expresivo de la mejor prosa posteriormente.

Para decirlo simplemente, si Tyndale no hubiera traducido el Nuevo Testamento, no habría existido la Biblia del Rey Jaime, no habría existido Shakespeare, y el idioma inglés habría sido muy diferente hoy en día, pues hablamos "Tyndaliano". La contribución de Tyndale a la Reforma y al desarrollo de la literatura inglesa no puede ser subestimada, jugó un papel vital en el plan providencial de Dios en la historia.

Todo esto tuvo un costo, por supuesto. A pesar de huir de Inglaterra en busca de refugios seguros para poder terminar su proyecto de traducción, Tyndale fue traicionado por un hombre llamado Henry Phillips, entregado a las autoridades y declarado hereje. Fue ejecutado por estrangulamiento, y su cuerpo quemado, pero esto no fue inesperado para Tyndale, sabía que tarde o temprano el Señor lo llamaría a casa. Aunque añoraba Inglaterra durante sus viajes, sabía lo que significaba sufrir por una gloria mayor, y una gloria no propia sino *solo de Cristo*. Cuanto más tiempo pasaba traduciendo la palabra de Dios, más alivio y paz encontraba en ella, pues el Dios en el que encontraba consuelo no era el dios del romanismo, sino el verdadero Dios de las Sagradas Escrituras.

La fecha de su martirio fue el 6 de octubre de 1536, y antes de su ejecución pública, oró en voz alta: "¡Señor, abre los ojos del Rey de Inglaterra!" Incluso ante la muerte, como un hombre humilde siendo llevado al matadero, imitó a Cristo e intercedió por sus perseguidores.

El Testigo Fiel de Tyndale

El legado de Tyndale perdura hoy en día, no solo en nuestros libros de historia, sino en nuestras Biblias en inglés, en la prosa de Shakespeare y en el idioma inglés de la angloesfera. Su testimonio de vida también nos habla, independientemente de nuestro idioma nativo, desafiándonos a prestar atención a las Escrituras, ya que su vida fue un reflejo de la enseñanza bíblica; y aunque no era perfecto, fue un testigo fiel habilitado por la gracia y la fuerza de Dios. En esta valiente vida, encontramos cuatro lecciones que la iglesia debería abrazar: (i) el corazón misionero para ver la palabra de Dios proclamada sin barreras comunicativas; (ii) la negación del yo para seguir el llamado y la voluntad de Dios y no lo que este sistema mundial pueda ofrecernos en el futuro; (iii) el testigo fiel de rendirse a la palabra de Dios como la autoridad final para todo conocimiento; y (iv) la refutación de todas las falsas enseñanzas para que la verdadera tesis de la palabra de Dios sea conocida por todas las personas.

El problema que Tyndale percibió en Inglaterra no era la falta de enseñanza bíblica (aunque había suficiente falsedad), ya que podía leer y enseñar la Biblia en sus idiomas hebreo, griego o latín, sino la falta de acceso de los comunes a la Biblia. Para proporcionar un poco de contexto, Tyndale escribió sobre los muchos obstáculos que se interponían entre él y la Biblia en ese momento:

> En las universidades han ordenado que nadie mire las Escrituras hasta que haya estado inmerso en el aprendizaje pagano durante ocho o nueve años y armado con falsos principios; con los cuales está completamente cerrado a la comprensión de las Escrituras... Y luego, cuando se les admite para estudiar teología, como las Escrituras están encerradas con tales falsas exposiciones y falsos principios de filosofía natural, que no pueden entrar, van por fuera y discuten toda su vida sobre palabras y opiniones vanas...

Puedes imaginar ahora lo difícil que era para la gente tener acceso a una Biblia en su propio idioma; las autoridades eclesiásticas lo hacían casi imposible, las universidades no eran de ayuda, y si no conocías los idiomas bíblicos o al menos el latín, entonces te quedabas con un selecto grupo que dictaba el significado de la palabra de Dios. Sin embargo, Tyn-

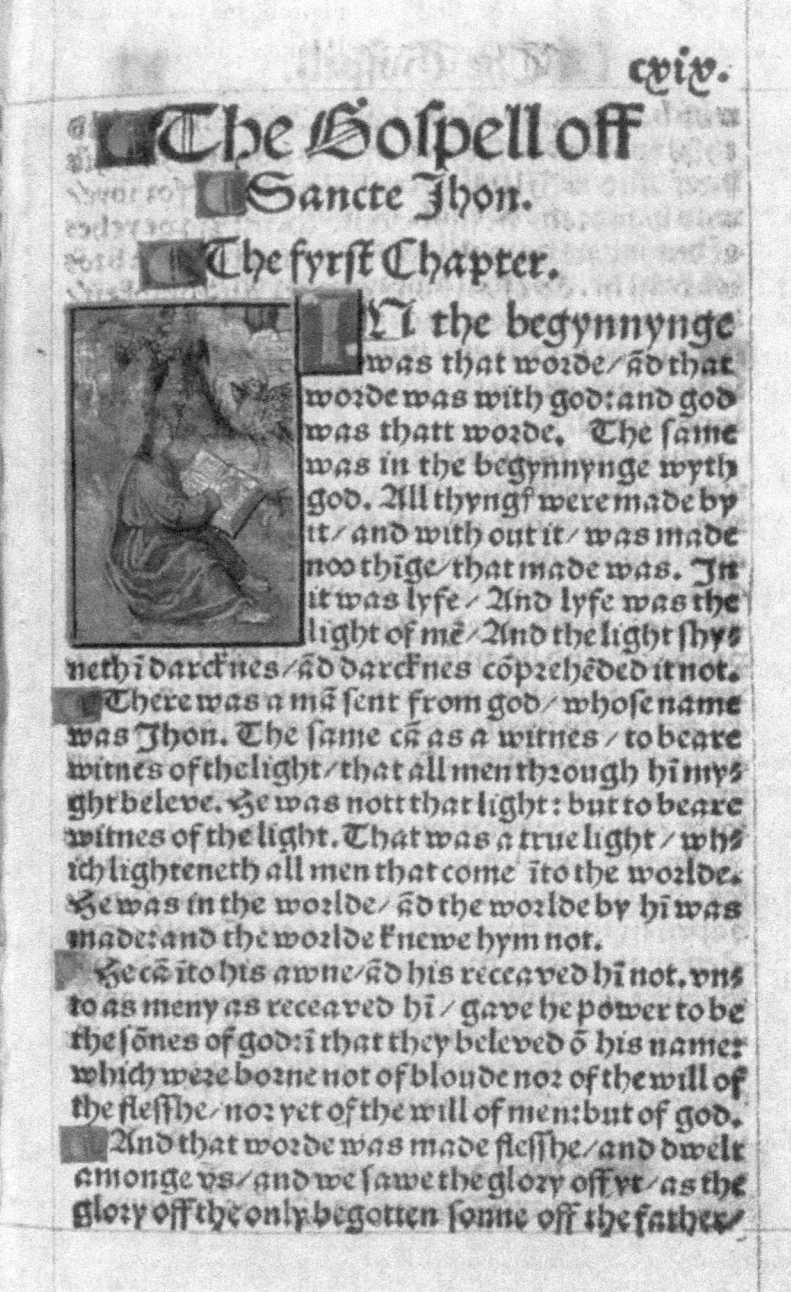

El comienzo del Evangelio de Juan, de la traducción del Nuevo Testamento de Tyndale de 1525.

dale no estaba contento con esto, la ardiente pasión de su corazón misionero era ver a un humilde labrador leer las Escrituras en su propio idioma, ver la palabra de Dios proclamada a todas las personas independientemente de su idioma.

Podríamos pensar quizás que no enfrentamos un problema similar al de Tyndale, lo cual debería mejorar nuestros esfuerzos misioneros, especialmente con organizaciones como los Gedeones Internacionales y la Sociedad Bíblica Canadiense que proporcionan Biblias en varios idiomas. Pero la verdad del asunto es que, en nuestra sociedad actual pagana, necesitamos traducir el evangelio en términos que la gente pueda entender. Después de todo, no puedes hablar de pecado, salvación y redención, ya sea de la persona o del orden creado en su conjunto, sin explicar su significado desde la cosmovisión cristiana, de lo contrario, podrías tener estos términos reinterpretados por el incrédulo desde su cosmovisión religiosa. Es nuestro llamado demostrar la verdad de las Escrituras, pero hacerlo con claridad, no hablando por encima de la comprensión de la gente. Sin embargo, la verdad bíblica no es del todo nueva para el incrédulo. Aunque quizás no sea consciente de ello, por el hecho de haber sido creado a imagen de Dios, la verdad del evangelio resonará en su corazón.

Por lo tanto, debemos esforzarnos al máximo para proclamar todo el consejo de Dios, para dejar claro la voluntad y los propósitos de Dios para la creación como se revelan en Su palabra, y para enfatizar nuestra necesidad de reconciliarnos con nuestro soberano y justo Creador a través de nuestro Señor Jesucristo, quien pagó nuestra deuda de pecado en su totalidad. Este era el corazón misionero de Tyndale, que el hombre pudiera conocer a Dios, no solo por revelación natural, y no a través de la mediación ilegítima del papa – porque los efectos *noéticos* del pecado nos han desviado – sino a través de la palabra personal y vivificante de Dios, que por la iluminación del Espíritu Santo, podríamos conocer la verdad.

Tyndale también nos ofrece un retrato de su propia vida, del hombre que lleva su propia cruz (Mateo 16:24-26). Como sacerdote y erudito, competente en siete idiomas y hábil en debates, podría haber tenido una carrera exitosa en la iglesia católica, quizás convirtiéndose en obispo, arzobispo, o quién sabe qué más. Habría sido bien cuidado, ampliamente elogiado y celebrado localmente, pero aunque esta era la ambición de muchos, no era la de Tyndale. Si hubiera sido la voluntad de Dios que recibiera tales elogios, no le habría importado, pero viendo que no vaciló en su llamado y que continuó incluso bajo persecución, estaba claro que la ambición vana no era el deseo de su corazón, era ver la voluntad de Dios hecha por encima de todo lo demás. Fue llamado a corregir un error, convencido de llevar a cabo su proyecto, ya sea encarcelado o libre, pues mientras la verdad de la palabra de Dios estuviera siendo atacada, y mientras la gente no tuviera acceso a la palabra de Dios para conocer por sí mismos todo el consejo de Dios, no cedería, no hasta haber cumplido su llamado.

De la misma manera, debemos imitar a Tyndale, nuestro hermano en la fe que ahora está en la presencia del Señor, negándonos a nosotros mismos nuestras pasiones y ambiciones egoístas, descartando como sin valor el futuro que este mundo pecaminoso podría ofrecernos y poniendo nuestras manos en el arado para cumplir la voluntad y el propósito de Dios para nuestras vidas. Eso no quiere decir que debamos vivir en el exilio, o que debamos evitar las vocaciones en la esfera pública, sino más bien que pongamos la voluntad de Dios sobre nuestra voluntad, que le sirvamos donde sea que estemos, sin temor a posibles castigos por hacer conocer el evangelio a todos los hombres y por aplicar la verdad de Dios en la plaza pública. Si Tyndale hubiera podido llevar a cabo su proyecto y reforma dentro de la iglesia católica, lo habría hecho, por eso había solicitado el apoyo del obispo Tunstall, pero fue la voluntad de Dios que estuviera huyendo, sufriendo junto a los protestantes por una gloria mayor y por el avance del reino de Dios, sin obstáculos por enseñanzas falsas. De manera similar, debemos estar dispuestos a servir a nuestro Señor, pase lo que pase, pues servimos a un "monarca benevolente" que reina y gobierna sobre toda la creación, y ser usado como un instrumento para su gloria sería el más maravilloso deleite. Incluso si no recibimos elogios por nuestros logros, Jesús nos asegura: "Tu Padre que ve en secreto te recompensará" (Mateo 6:4).

Tyndale también fue un fiel testigo de la autoridad bíblica. Insistió en la autoridad de la palabra de Dios, como queda claro en su crítica a las universidades de su tiempo, creyendo que la palabra de Dios era la *autoridad final* para todo conocimiento. Como escribió, "Percibí que era imposible establecer a la gente laica en alguna verdad, a menos que las Escrituras fueran claramente expuestas ante sus ojos en su lengua materna". Esta visión de las Escrituras era, esencialmente, la raíz de *Sola Scriptu-*

ra, pero pasarían muchos más siglos hasta que esto se desarrollara mucho más plenamente. Podemos agradecer al teólogo Cornelius Van Til (1895-1987), por ejemplo, quien ayudó a desarrollar una comprensión reformada de la relación de las Escrituras con la epistemología y la metodología apologética. Él escribe, en relación con la autoridad bíblica, que:

> La Biblia está en el centro no solo de cada curso [del seminario], sino de todo el currículo [el teísmo cristiano como una unidad]. La Biblia se considera autoritaria en todo aquello de lo que habla. Además, habla de todo... ya sea directa o implícitamente... Esta visión de las Escrituras implica la idea de que no hay nada en este universo sobre lo cual los seres humanos puedan tener información completa y verdadera a menos que tomen en cuenta la Biblia.

En otras palabras, la Biblia no solo nos habla de Cristo y su obra expiatoria por la humanidad, sino que también nos dice quién es Dios y de dónde proviene nuestro universo. Nos proporciona historia, así como una filosofía de la historia. Esencialmente, si las Escrituras no son nuestro punto de partida para todo conocimiento, aunque afirmemos saber cosas, no podemos explicar *cómo* sabemos esas cosas o *cómo* podemos darles sentido. Todos tenemos algo que consideramos como nuestra autoridad autorreferencial definitiva, puede ser la palabra del hombre (su racionalidad), algún otro libro religioso (el Corán, los Vedas, el Canon Pali, etc.), o las Escrituras Cristianas. Lo que Tyndale consideró verdadero, lo que los reformadores consideraron verdadero, y lo que sigue siendo verdadero (a pesar de las afirmaciones de nuestra sociedad pagana actual) porque Dios es verdadero, es que solo a partir de las Escrituras Cristianas se puede conocer *verdaderamente* las cosas. De la misma manera, debemos adoptar las mismas presuposiciones de las Escrituras, pues como palabra de Dios es moralmente vinculante y verdadera para todas las personas, independientemente de sus propias creencias.

Es por esta razón que Tyndale buscó traducir la palabra de Dios al inglés, para no solo refutar las falsas enseñanzas del romanismo, sino también para permitir que otros lean la verdad de Dios y corrijan falsedades para las generaciones venideras. Fue un defensor de la fe de una manera en que todos los cristianos deberían serlo, refutando cualquier filosofía de vida y cualquiera de sus subcomponentes que sean contrarios a la filosofía de las Escrituras, y dejando claro cuál es realmente la verdad de Dios. Por lo tanto, la palabra de Dios es la verdadera *tesis*, y todo lo contrario a ella es la *antítesis*, y no importa lo que el hombre pueda decir en un esfuerzo por argumentar una "verdad" diferente, como criatura, está sujeto a su Creador, y no puede borrar ni remodelar la creación de Dios a su antojo. En el espíritu de la reforma, aferrándonos firmemente a las cinco *Solas* que están arraigadas en las Escrituras, vindiquemos "la filosofía cristiana de la vida contra las diversas formas de la filosofía de la vida no cristiana", como escribió el apóstol Pablo a la iglesia griega de Corinto, para "destruir argumentos y toda opinión altiva levantada contra el conocimiento de Dios, y llevar todo pensamiento cautivo a obedecer a Cristo" (2 Cor. 10:5).

Aunque olvidado por muchos, como afirma el historiador Teems, el legado de Tyndale perdura. Sigue vivo con cada traducción de la Biblia al inglés y con cada expresión "Tyndaliana" que podamos usar. Que su vida y martirio nos inspiren a vivir vidas completamente entregadas en servicio a nuestro soberano Señor Jesucristo, proclamando las buenas nuevas del evangelio para y por toda la creación, defendiendo la verdad y exponiendo la mentira, y glorificando solo a Dios (*Soli Deo Gloria*) en todo lo que hacemos mientras nos deleitamos en cumplir la voluntad del Dios Triuno de las Escrituras. Como escribió Tyndale, "No hay obra mejor que agradar a Dios; verter agua, lavar platos, ser zapatero o un apóstol, todo es uno; lavar platos y predicar son lo mismo, en cuanto al hecho, para agradar a Dios."

Notas al final

i. M. Galli y T. Olsen, *131 Christians Everyone Should Know* (Nashville, TN.: Broadman & Holman Publishers, 2000), 348.
ii. Benson Bobrick, *Wide as the Waters: The Story of the English Bible and the Revolution it Inspired* (New York, NY.: Penguin Group, 2002), 89.
iii. Ibid.
iv. Ibid.
v. F.L. Cross y E.A. Livingstone, eds., *The Oxford Dictionary of the Christian Church*, 3rd edition revised (New York, NY.: Oxford University Press, 2005), 1660.
vi. Donald L. Brake, *A Visual History of the English Bible: From Medieval Manuscripts to Contemporary Translations* (Grand Rapids, MI.: Baker Books, 2008), 100.
vii. Cross and Livingstone, *The Oxford Dictionary of the Christian Church*, 1660.
viii. Ibid.
ix. Brake, *A Visual History of the English Bible*, 100.
x. Citado en Galli y Olsen, *131 Christians Everyone Should Know*, 348.
xi. Consulta Julian Castaño, *Sola Scriptura: La Autoridad de la Biblia* (Toronto, ON.: La Represión de la Verdad, 2016).; Matthew Barrett, *God's Word Alone: The Authority of Scripture* (Grand Rapids, MI.: Zondervan, 2016).
xii. Teems, *Tyndale*, xx-xxi.
xiii. Ibid., 132.
xiv. Ibid., xix-xx.
xv. David Daniell, *The Bible in English: Its History and Influence* (New Haven: Yale University Press, 2003), 436.
xvi. Teems, *Tyndale*, xix-xx.
xvii. Citado en Ibid., xxi.
xviii. David Daniell, *William Tyndale: A Biography* (New Haven: Yale University Press, 1994), 116.
xix. Brian Borgman, "William Tyndale - To Scatter the Roman Darkness by this Light,", Sermon Audio: Grace Community Church, 2007, consultado 13 de Diciembre, 2016, http://www.sermonaudio.com/sermoninfo.asp?SID=91513162371.
xx. Galli y Olsen, *131 Christians Everyone Should Know*, 348.
xxi. Citado en Ibid.
xxii. William Tyndale, "Practice of Prelates," in *Expositions and Notes on Sundry Portions of the Holy Scriptures together with the Practice of Prelates*, ed. H. Walker (1849; repr., Cambridge: Cambridge University Press, 1968), 291.
xxiii. Galli y Olsen, *131 Christians Everyone Should Know*, 348.
xxiv. Teems, *Tyndale*, 132.
xxv. Citado en Henry Eyster Jacobs, *The Lutheran Movement in England during the Reigns of Henry VIII, and Edward VI, and Its Literary Monuments* (PA.: G.W. Frederick, 1890), 16.
xxvi. Cornelius Van Til, *Christian Apologetics*, Second Edition, ed. William Edgar (Phillipsburg, NJ.: P&R Publishing, 2003), 19-20.
xxvii. Ibid., 20.
xxviii. Ibid., 17.
xxix. Teems, *Tyndale*, xix.
xxx. *William Tyndale*, Protestant Reformers, 2016, consultado 14 de Diciembre, 2016, http://www.protestantreformers.com/william-tyndale-quotes/.

The Bible, Language, & the Democratization of Knowledge

by Vishal Mangalwadi

Language Empowers People

INDIA'S RENAISSANCE began in Bengal in the early 19th century through a linguistic revolution. It was pioneered by a Baptist missionary, William Carey (1761-1834). This British cobbler-turned-linguist came to Bengal in 1793.

At that time India had three classical languages: Persian, Arabic, and Sanskrit. Indian elites had made our people powerless because they had turned them into languages of discrimination, to deprive the common man of the power of knowledge. The transformation of the common man began by transforming their dialects into literary languages. That process empowered the people because it meant democratizing knowledge, making it available to everyone.

Average Brahmin scholars memorized Sanskrit Scriptures, not for thought, but for performing religious rituals. They did not allow Sanskrit to become the mother-tongue of their own children, because they refused to teach it to their wives, let alone to non-Brahmins.

Likewise, Muslim masses spoke local dialects while their religious leaders memorized the Qur'an in Arabic. Muslims ruled much of India for seven centuries, but they did not make Arabic the people's language of learning, of the impartation of facts and thought.

Two centuries before Carey reached Bengal, Mughal Emperors had made Persian their court language. Their mother-tongue was Chagatai, not Persian. They ruled Bengal but took no interest in developing Bengali. Nor did they popularize Arabic and Sanskrit. Persian was a great language, but they made it their court-language, partly to make it difficult for Arabic knowing Muslims to learn state-secrets.

In 1765, the Mughals gave the administrative authority over Bengal to the East India Company. Yet, until the 1800s, the British merchants and rulers took no interest in Bengali dialects spoken by the people they governed. The only educational institution that the British Company established was Calcutta Madarasa (1780-'81). It was created to teach Arabic, Persian, and Islamic Law. The arts, the sciences, literature, or humanities had no place in the curricula.

Ten years later, in 1791, the British Company, not Hindu temples or ashrams, established the Banaras Sanskrit College in the state of Varanasi. Two centuries later, in 1974, the government of India upgraded it to become Sampurnanand Sanskrit University.

This religious and political indifference to India's intellectual progress began to change when British evangelicals responded to Charles Grant's appeal to Christians to assume the moral responsibility for the development of the people of India.

Grant's Observations on "The Asiatic Subjects of Great Britain" (1792) inspired an Evangelical Member of Parliament, William Wilberforce, to campaign for India's education. Grant and Wilberforce argued that it is immoral for Britain to send only merchants and mercenaries to India. Britain must also send educators.

At that time, "secular education" did not exist anywhere in the world. In Europe, education was a ministry of the Church because the Bible said that God "wants all men to be saved and come to the knowledge of the truth" (1 Timothy 2:4). The idea that every child needed to be educated was the practical application of the New Testament's teaching that every child of God needed to serve his heavenly Father as a priest and manage God's kingdom on earth as a prince or king. No one can do God's will on earth if he/she does not know God. For this reason, everyone needed to study God's word. That required translating the Scriptures into every child's mother tongue. This theological outlook had started the process of transforming European dialects into modern literary languages such as German, English, and French.

The campaign for India's education, initiated by Charles Grant and led by Wilberforce, was understood in the light of the Bible's theology of

Language and Education. Everyone understood that to send educators meant to send missionaries. Their mission would be to serve God and people — not money. Enriching people's dialects to become literary languages would be one of the foundation stones of India's awakening.

Wilberforce began the campaign for South Asia's education in 1793. Twenty years later, in 1813, British Parliament approved a new Charter of the East India Company. It required the Company to spend Rs. 100,000 per year for the education of the people of India.

How should this money be used?

British rulers decided to use that money to establish a Sanskrit college in Calcutta. This triggered the Language Controversy which was resolved by the Macaulay-Minute of 1835. Macaulay favored English as the language that ought to enrich the vernacular, including Bengali. That had been suggested by Charles Grant in 1792. Raja Ram Mohan Roy became its champion in 1823.

Ram Mohan Roy's Opposition to Sanskrit

Raja Ram Mohan Roy taught Sanskrit to William Carey while learning English from Carey. That interaction so changed him that he became a vocal opponent of the British plan to establish Calcutta Sanskrit College.

On 11 December 1823, Roy wrote to the British Prime Minister, William Pitt, that the decision to teach "Sanskrit system of education would be best calculated to keep this country in darkness." Perpetuating Sanskrit education would be contrary to the spirit of the great movement that had required the Company to invest money to educate India.

Roy was a Brahmin and a Sanskrit scholar. He opposed the Company hiring *Pandits* to teach Sanskrit. The British policy, he wrote, ought to be to "promote a more liberal and enlightened system of instruction, embracing, mathematics, natural philosophy, chemistry and anatomy, with other useful sciences…"

Roy knew that the Pundits' monopoly of Sanskrit had stunted and enslaved the Indian mind. Language is the God-given means to open and enhance the mind. He had grasped the Bible's idea that language is God's gift to humanity. It binds God's children into a community of ideas and values. Language makes us different from animals that are herded together by instinct, fear, and force. Language allows us to improve our community by thinking critically in order to seek truth and wisdom. This is necessary to steward the creation. Language should not be what pundits have made it — a means of uncritical memorization of mantras.

Why did pundits reduce language to this? They sought not truth but occult powers to appease the gods and control demons . . . at least, as Mahatma Phule said a few decades later, to intimidate people in order to collect the appeasement price for unknown gods.

Roy knew that Sanskrit had closed the Indian mind. Pundits had not written books on nature, science, medicine, agriculture, technology, law, history, geography, governance, et cetera. Nor had they developed the dialects into literary languages. They imposed a hierarchical system of high and low *varnas* that precluded developing everyone's intellectual potential. The Aryans came to India with Sanskrit and Vedas and they were proud of their scriptures, they made zero effort to translate Sanskrit scriptures into the languages of the people.

A rare exception was Goswami Tulsidas, who died in 1623. He paraphrased the Sanskrit epic *Ramayana* into the Awadi dialect, calling it *Ramcharit Manas*. Awadhi was spoken around Varanasi and Ayodhya. For his audacity to compose their sacred story in a dialect, other pundits refused to acknowledge it as sacred scripture.

In any case, the people who spoke Awadhi, did not read it. There were no schools to teach the common man to read and write his mother tongue. Tulsidas' work became influential long after him, when it began to be dramatized as *Ramlila*. William Carey, a British missionary, translated the *Ramayana* into English.

In late 19th century, Rev. Samuel Kellogg (1839–1899), an American Presbyterian missionary, fused Awadhi with ten other dialects to create modern Hindi Grammar. Kellogg lived in my hometown, Allahabad, just 120 kilometres north of Tulsidas' Benaras. Allahabadis speak Kellogg's Hindi, but without training no one in Allahabad can understand a single Awadhi stanza of *Ramcharit Manas*.

William Carey and Bible Translators

Kellogg, who created the Hindi grammar that we use today, followed Carey's monumental linguistic revolution. He completed the work of his predecessors. John Gilchrist, a surgeon in the East India Company, who had combined a number of dialects to create what he called Hindustani. Henry Martin, a chaplain with the Company, used other pre-existing dialects, Persian and Arabic to translate the Bible into what we know as Urdu. Kellogg, encouraged by some Sanskrit scholars, followed up on Gilchrist and Martin to create Hindi Grammar, using Tulsidas' *Ramcharit Manas* as his literary base.

Translating the Bible into the languages of the people was a monumental grassroots revolution. It did for India what reformers John Wycliffe, Martin Luther, and William Tyndale had done for reforming Europe's education, literature, culture, economy and governance.

Bengali, Urdu, Hindi and other languages did not exist when William Carey arrived in India. Bhartendu Harishchandra (1850 – 1885) the first Indian writer of modern Hindi was born eleven years after Kellogg.

To deprive people of the ability to read, think, and write in their own language is a strategy to condemn them to ignorance. This makes them easy prey to unscrupulous clergy, usually in league with the aristocracy. Ignorance violates their dignity of being made in the image of the All-Wise Creator. The Bible that liberated Europe from its oppressive religion also began India's transformation.

The Bible's enormous Impact on every Indian language, literacy, literature, and education has been best studied by Dr. Babu Verghese in his book *Let There Be India: Impact of*

"W. H. Carey of Cutwa" by Colesworthey Grant (1881).

the Bible on Nation Building. (WOC Publishing, Chennai, 2014). We can illustrate his thesis with two examples.

Two Illustrations

Baptists and Bengali: Case Study I
The Advocate-in-Chief of the Indian vernaculars worked in Serampore and Calcutta. His name, as I said, was William Carey. I call him the Father of Modern India. He had translated the Bible into Bengali before opening his mission in Serampore in the 1800s. Carey fused several dialects to create Bengali as a literary language. With the pen of Ravindranath Tagore, Bengali went on to win the first Nobel Prize for India. Merely ten decades prior to Tagore, his own city

of Calcutta—the capital of the Bengal province—did not have a single qualified teacher of Bengali. Bengal did not lack learned Pundits. But they considered Bengali a language "fit only for women and demons."

Mr. Sushil Kumar De points out in his study *Bengali Literature in the Nineteenth Century: 1757–1857*, that it was Carey and his missionary colleagues who "raised the language from the debased condition of an unsettled dialect to the character of a regular and permanent form of speech". The Nobel Prize Committee noted that Bengali songs of the Gitanjali display both the influence Carey's language as well as the Bible's theistic worldview.

In Serampore and more especially in Calcutta, William Carey started translating the Bible in multiple languages with help from Pundits who taught languages to civil servants at the Fort William College. When some Company Directors began to object that their profits were being used to translate the Bible, Charles Grant and others organized the British and Foreign Bible Society to finance the translation work. Serampore Mission Press printed these vernacular Bibles and invented the fonts for different scripts. The Mission also manufactured the paper needed for printing.

The fonts, the paper and the printing press began to open the Indian mind because, as we will see in other episodes, the missionary movement undergirded that historic effort by spreading literacy, printing text books for schools, and initiating journalism.

Indian elites had kept classic languages — Sanskrit, Persian, and Arabic — for themselves. Missionaries allowed them to keep their monopoly, but went on to empower the people by enriching vernacular languages. Today only about 25,000 Indians speak Sanskrit, while 234 million people speak Bengali as their native tongue. Hindi is spoken by about 585 million people!

William Carey agreed with Alexander Duff and others that enriching vernaculars required teaching English to the people who wanted to develop their own mother-tongue. However, his mission also noted that the craze for English among the upper-caste Indians was problematic. They did not learn English for the general welfare of the society. Their objective was selfish — personal and professional advancement. They observed that a little knowledge of English was turning the "finest youth" of Bengal into "mercenary copyists." They remained ignorant of their own language, Bengali. Without the Bible's command to love your neighbor as yourself, they remained unconcerned about wisdom, beauty, goodness, and truth that the English language and literature offered.

The East India Company needed hirelings and therefore taught English to some youth. But those efforts would never have produced a *Roy* or a *Tagore*. They were the fruit of the Bengali Bible.

Presbyterians and Punjabi: Case Study II

Stationed in Bengal in the east, William Carey strove to translate the Bible for the regions he never personally visited. In 1811, Carey published the first Punjabi Bible followed by grammar in 1812. By 1815, the Mission Press had printed the first ever prose work in Gurmukhi character, the Punjabi New Testament.

The first set of missionaries—the American Presbyterians—set foot on Punjab in 1834. They discovered that Carey's translation of the Bible was already circulating in the Punjab. They noticed its weaknesses and began a fresh translation of the Bible in Punjabi, while also preparing a grammar and a dictionary from ground zero. John Newton published the new and comprehensive Punjabi grammar in 1851. The other significant work, the dictionary by Levi Janvier, came out in 1854. A fresh translation of the New Testament was published in 1868, marking the transition from traditional to modern Punjabi.

The Bible translation movement was what made it possible for the East India Company to replace Persian with local vernaculars as the official administrative languages. In the light of *Act 29* of 1883, Punjabi should have been designated as the official language of Punjab. However, due to administrative and political considerations, and because Punjabi was still underdeveloped, the Punjab government of the time made Urdu its official language. Punjabi, the people's language, lost out as the language of the educated elite.

Languages do need patrons. Without institutional support, languages rarely develop and sustain themselves. Persian, for example, was the court language of Maharaja Ranjit Singh, the greatest Sikh ruler of the time. Sikh writers in other Sikh principalities wrote in Braj, the popular literary language of north India. Urdu and Persian continued to hold sway over the educated elite of Punjab.

The Bible movement empowered the mother-tongue of the masses. Christian missionaries changed Punjab because the Bible taught them that God wanted all people to know the liberating truth.

Official policies and the prejudices of the native elite did not deter Missionary scholars. They continued to publish and print the good news of salvation in Punjabi. Thus, American Presbyterians and later the CMS missionaries became the alternate patrons of the Punjabi language in the nineteenth century. Their labor made it possible for the later, resurgent Sikh movement, to promote and develop the Punjabi language.

Punjab progressed because the missionaries did not limit their effort to publishing the Bible and devotional texts. They introduced a variety of literary modes to Punjabi: one-act plays, short stories, and especially the novel. The first Punjabi novel, *Jyotiruday*, came out of the missionary quarters in 1882. That is, sixteen years prior to *Sundari*, the novel by Sikh writer Bhai Vir Singh.

Bigoted minds find it difficult to give credit where it is due. Yet, an eminent Punjabi scholar, Gurcharan Singh Arshi, acknowledged the impact of the Bible and missionaries in these words:

> Though Christian missionaries came with the intention of propagation and advancement of [their] religion, in that endeavor *they so enriched Punjabi language and literature* that today Punjabi literature is not inferior in any way to literature in other Indian languages.

La Biblia, el lenguaje y la democratización del conocimiento

por Vishal Mangalwadi

El lenguaje empodera a las personas

La Renacimiento de la India comenzó en Bengala a principios del siglo XIX a través de una revolución lingüística. Fue iniciado por un misionero bautista, William Carey (1761-1834). Este zapatero británico convertido en lingüista llegó a Bengala en 1793.

En ese momento, la India tenía tres idiomas clásicos: persa, árabe y sánscrito. Las élites indias habían privado de poder a nuestro pueblo porque habían convertido estos idiomas en lenguas de discriminación, para privar al hombre común del poder del conocimiento. La transformación del hombre común comenzó transformando sus dialectos en lenguas literarias. Ese proceso empoderó a la gente porque significaba democratizar el conocimiento, haciéndolo disponible para todos.

Los eruditos brahmanes promedio memorizaban las Escrituras en sánscrito, no para pensar, sino para realizar rituales religiosos. No permitían que el sánscrito se convirtiera en la lengua materna de sus propios hijos, porque se negaban a enseñárselo a sus esposas, y mucho menos a los no brahmanes.

De manera similar, las masas musulmanas hablaban dialectos locales mientras sus líderes religiosos memorizaban el Corán en árabe. Los musulmanes gobernaron gran parte de la India durante siete siglos, pero no hicieron del árabe el idioma del pueblo para el aprendizaje, la impartición de hechos y pensamientos.

Dos siglos antes de que Carey llegara a Bengala, los emperadores mogoles habían hecho del persa su lengua cortesana. Su lengua materna era el chagatai, no el persa. Gobernaron Bengala pero no mostraron interés en desarrollar el bengalí. Tampoco popularizaron el árabe y el sánscrito. El persa era un gran idioma, pero lo hicieron su lengua cortesana, en parte para dificultar que los musulmanes conocedores del árabe aprendieran los secretos del estado.

En 1765, los mogoles otorgaron la autoridad administrativa sobre Bengala a la Compañía Británica de las Indias Orientales. Sin embargo, hasta el siglo XIX, los comerciantes y gobernantes británicos no mostraron interés en los dialectos bengalíes hablados por la gente que gobernaban. La única institución educativa que la Compañía Británica estableció fue la Madrasa de Calcuta (1780-'81). Fue creada para enseñar árabe, persa y Ley Islámica. Las artes, las ciencias, la literatura o las humanidades no tenían lugar en los planes de estudio.

Diez años después, en 1791, la Compañía Británica, no los templos hindúes o ashrams, estableció el Colegio Sánscrito de Benarés en el estado de Varanasi. Dos siglos más tarde, en 1974, el gobierno de la India lo ascendió a la categoría de Universidad Sánscrita Sampurnanand.

Esta indiferencia religiosa y política hacia el progreso intelectual de la India comenzó a cambiar cuando los evangélicos británicos respondieron al llamado de Charles Grant a los cristianos para asumir la responsabilidad moral por el desarrollo del pueblo de la India.

Las Observaciones de Grant sobre "Los Súbditos Asiáticos de Gran Bretaña" (1792) inspiraron a un miembro del Parlamento evangélico, William Wilberforce, a hacer campaña por la educación de la India. Grant y Wilberforce argumentaron que es inmoral que Gran Bretaña solo enviara comerciantes y mercenarios a la India. Gran Bretaña también debía enviar educadores.

En ese momento, la "educación secular" no existía en ninguna parte del mundo. En Europa, la educación era un ministerio de la Iglesia porque la Biblia decía que Dios "quiere que todos los hombres sean salvos y lleguen al conocimiento de la verdad" (1 Timoteo 2:4). La idea de que cada niño necesitaba ser educado era la aplicación práctica de la enseñanza del Nuevo Testamento de que cada hijo de Dios necesitaba servir a su Padre celestial como sacerdote y administrar el reino de Dios en la tierra como príncipe o rey. Nadie puede hacer la voluntad de Dios en la tierra si no conoce a Dios. Por esta razón, todos necesitaban estudiar la palabra de Dios. Eso requería traducir las Escrituras al idioma materno de cada niño. Esta perspectiva teológica había comenzado el proceso de transformar los dialectos europeos en lenguas literarias modernas como el alemán, el inglés y el francés.

La campaña por la educación de la India, iniciada por Charles Grant y liderada por Wilberforce, se entendió a la luz de la teología bíblica del Lenguaje y la Educación. Todos entendían que enviar educadores significaba enviar misioneros. Su misión sería servir a Dios y a la gente, no al dinero. Enriquecer los dialectos de la gente para convertirlos en lenguas literarias sería uno de los pilares del despertar de la India.

Wilberforce comenzó la campaña por la educación del sur de Asia en 1793. Veinte años después, en 1813, el Parlamento Británico aprobó una nueva Carta de la Compañía Británica de las Indias Orientales. Exigía que la Compañía gastara Rs. 100,000 al año para la educación del pueblo de la India.

¿Cómo debería utilizarse este dinero?

Los gobernantes británicos decidieron usar ese dinero para establecer un colegio sánscrito en Calcuta. Esto desencadenó la Controversia del Idioma, que se resolvió con el Minuto de Macaulay de 1835. Macaulay favoreció el inglés como el idioma que debería enriquecer el vernáculo, incluido el bengalí. Eso había sido sugerido por Charles Grant en 1792. Raja Ram Mohan Roy se convirtió en su campeón en 1823.

La Oposición de Ram Mohan Roy al Sánscrito

Raja Ram Mohan Roy enseñó sánscrito a William Carey mientras aprendía inglés de Carey. Esa interacción lo cambió tanto que se convirtió en un firme opositor del plan británico para establecer el Colegio Sánscrito de Calcuta.

El 11 de diciembre de 1823, Roy escribió al Primer Ministro británico, William Pitt, que la decisión de enseñar "el sistema de educación sánscrito sería lo más adecuado para mantener este país en la oscuridad". Perpetuar la educación sánscrita sería contrario al espíritu del gran movimiento que había requerido que la Compañía invirtiera dinero para educar a la India.

Roy era un brahmán y un erudito en sánscrito. Se opuso a que la Compañía contratara Pandits para enseñar sánscrito. La política británica, escribió, debería ser "promover un sistema de instrucción más liberal e ilustrado, abarcando matemáticas, filosofía natural, química y anatomía, con otras ciencias útiles…"

Roy sabía que el monopolio de los *Pandits* sobre el sánscrito había atrofiado y esclavizado la mente india. El lenguaje es el medio otorgado por Dios para abrir y mejorar la mente. Había comprendido la idea bíblica de que el lenguaje es un regalo de Dios para la humanidad. Une a los hijos de Dios en una comunidad de ideas y valores. El lenguaje nos hace diferentes de los animales que son reunidos por instinto, miedo y fuerza. El lenguaje nos permite mejorar nuestra comunidad pensando críticamente para buscar la verdad y la sabiduría. Esto es necesario para administrar la creación. El lenguaje no debe ser lo que los pandits lo han hecho: un medio de memorización acrítica de mantras.

¿Por qué los pandits redujeron el lenguaje a esto? No buscaban la verdad sino poderes ocultos para apaciguar a los dioses y controlar demonios... al menos, como dijo Mahatma Phule unas décadas más tarde, para intimidar a las personas con el fin de cobrar el precio de apaciguamiento para dioses desconocidos.

Roy sabía que el sánscrito había cerrado la mente india. Los pandits no habían escrito libros sobre naturaleza, ciencia, medicina, agricultura, tecnología, derecho, historia, geografía, gobernanza, etc. Tampoco habían desarrollado los dialectos en lenguas literarias. Impusieron un sistema jerárquico de *varnas* altos y bajos que impedía desarrollar el potencial intelectual de todos. Los arios llegaron a la India con el sánscrito y los Vedas y, orgullosos de sus escrituras, no hicieron ningún esfuerzo por traducir las escrituras sánscritas a los idiomas de la gente.

Una rara excepción fue Goswami Tulsidas, quien murió en 1623. Parafraseó la epopeya sánscrita Ramayana al dialecto Awadhi, llamándolo *Ramcharit Manas*. El Awadhi se hablaba alrededor de Varanasi y Ayodhya. Por su audacia de componer su historia sagrada en un dialecto, otros pandits se negaron a reconocerlo como escritura sagrada.

En cualquier caso, las personas que hablaban Awadhi no lo leían. No había escuelas para enseñar al hombre común a leer y escribir su lengua materna. La obra de Tulsidas se hizo influyente mucho después de él, cuando comenzó a dramatizarse como *Ramlila*. William Carey, un misionero británico, tradujo el *Ramayana* al inglés.

A finales del siglo XIX, el reverendo Samuel Kellogg (1839-1899), un misionero presbiteriano estadounidense, fusionó el Awadhi con otros diez dialectos para crear la gramática del hindi moderno. Kellogg vivió en mi ciudad natal, Allahabad, a solo 120 kilómetros al norte de Benarés, el lugar de Tulsidas. Los habitantes de Allahabad hablan el hindi de Kellogg, pero sin formación, nadie en Allahabad puede entender una sola estrofa de Awadhi del *Ramcharit Manas*.

William Carey y las Traducciones de la Biblia

Kellogg, quien creó la gramática del hindi que utilizamos hoy, siguió la monumental revolución lingüística de Carey. Completó el trabajo de sus predecesores. John Gilchrist, un cirujano en la Compañía Británica de las Indias Orientales, había combinado una serie de dialectos para crear lo que él llamaba hindustaní. Henry Martin, un capellán de la Compañía, usó otros dialectos preexistentes, persa y árabe, para traducir la Biblia a lo que conocemos como urdu. Kellogg, alentado por algunos eruditos en sánscrito, siguió a Gilchrist y Martin para crear la gramática del hindi, utilizando el *Ramcharit Manas* de Tulsidas como su base literaria.

Traducir la Biblia a los idiomas de la gente fue una revolución de base monumental. Hizo por la India lo que los reformadores John Wycliffe, Martín Lutero y William Tyndale hicieron por reformar la educación, literatura, cultura, economía y gobernanza de Europa.

El bengalí, el urdu, el hindi y otros idiomas no existían cuando

"W. H. Carey of Cutwa" por Colesworthey Grant (1881).

William Carey llegó a la India. Bhartendu Harishchandra (1850 - 1885), el primer escritor indio del hindi moderno, nació once años después de Kellogg.

Privar a la gente de la capacidad de leer, pensar y escribir en su propio idioma es una estrategia para condenarlos a la ignorancia. Esto los convierte en presa fácil para el clero sin escrúpulos, generalmente en alianza con la aristocracia. La ignorancia viola su dignidad de ser creados a imagen del Creador Todopoderoso. La Biblia que liberó a Europa de su religión opresiva también comenzó la transformación de la India.

El enorme impacto de la Biblia en cada idioma indio, la alfabetización, la literatura y la educación ha sido mejor estudiado por el Dr. Babu Verghese en su libro *Let There Be India: Impact of the Bible on Nation Building* (Editorial WOC, Chennai, 2014). Podemos ilustrar su tesis con dos ejemplos.

Dos ilustraciones:

Bautistas y bengalí: Estudio de caso I
El Abogado en Jefe de los vernáculos indios trabajó en Serampore y Calcuta. Su nombre, como dije, era William Carey. Lo llamo el Padre de la India Moderna. Había traducido la Biblia al bengalí antes de abrir su misión en Serampore en el siglo XIX. Carey fusionó varios dialectos para crear el bengalí como lengua literaria. Con la pluma de Ravindranath Tagore, el bengalí logró ganar el primer Premio Nobel para la India. Apenas diez décadas antes de Tagore, su propia ciudad de Calcuta —la capital de la provincia de Bengala— no tenía un solo maestro calificado en bengalí. Bengala no carecía de eruditos Pandits. Pero consideraban el bengalí un idioma "apto solo para mujeres y demonios".

El Sr. Sushil Kumar De señala en su estudio *Bengali Literature in the Nineteenth Century: 1757–1857*, que fue Carey y sus colegas misioneros quienes "elevaron el idioma de la condición degradada de un dialecto inestable al carácter de una forma de expresión regular y permanente". El Comité del Premio Nobel señaló que las canciones bengalíes del Gitanjali muestran tanto la influencia del idioma de Carey como la cosmovisión teísta de la Biblia.

En Serampore y más especialmente en Calcuta, William Carey comenzó a traducir la Biblia en múltiples idiomas con la ayuda de Pandits que enseñaban idiomas a los funcionarios civiles en el Colegio Fort William. Cuando algunos directores de la Compañía comenzaron a objetar que sus ganancias se estaban utilizando para traducir la Biblia, Charles Grant y otros organizaron la Sociedad Bíblica Británica y Extranjera para financiar el trabajo de traducción. La Imprenta de la Misión de Serampore imprimió estas Biblias vernáculas e inventó las fuentes tipográficas para diferentes escrituras. La Misión también fabricó el papel necesario para la impresión.

Las fuentes tipográficas, el papel y la imprenta comenzaron a abrir la mente india porque, como veremos en otros episodios, el movimiento misionero respaldó ese esfuerzo histórico al difundir la alfabetización, imprimir libros de texto para las escuelas e iniciar el periodismo.

Las élites indias habían mantenido los idiomas clásicos —sánscrito, persa y árabe— para sí mismas. Los misioneros les permitieron mantener su monopolio, pero procedieron a empoderar al pueblo enriqueciendo los idiomas vernáculos. Hoy en día, solo alrededor de 25,000 indios hablan sánscrito, mientras que 234 millones de personas hablan bengalí como su lengua materna. ¡El hindi es hablado por aproximadamente 585 millones de personas!

William Carey estuvo de acuerdo con Alexander Duff y otros en que enriquecer los vernáculos requería enseñar inglés a las personas que querían desarrollar su propia lengua materna. Sin embargo, su misión también notó que la locura por el inglés entre los indios de casta alta era problemática. No aprendieron inglés por el bienestar general de la sociedad. Su objetivo era egoísta: avance personal y profesional. Observaron que un poco de conocimiento del inglés estaba convirtiendo a los "mejores jóvenes" de Bengala en "copistas mercenarios". Permanecían ignorantes de su propio idioma, el bengalí. Sin el mandamiento bíblico de amar a tu prójimo como a ti mismo, permanecían indiferentes a la sabiduría, la belleza, la bondad y la verdad que el idioma y la literatura ingleses ofrecían.

La Compañía Británica de las Indias Orientales necesitaba asalariados y, por lo tanto, enseñaba inglés a algunos jóvenes. Pero esos esfuerzos nunca habrían producido un Roy o un Tagore. Ellos fueron el fruto de la Biblia en bengalí.

Presbiterianos y Punjabi: Estudio de caso II

Ubicado en Bengala en el este, William Carey se esforzó por traducir la Biblia para las regiones que nunca visitó personalmente. En 1811, Carey publicó la primera Biblia en Punjabi, seguida de una gramática en 1812. Para 1815, la Imprenta de la Misión había impreso la primera obra en prosa en caracteres Gurmukhi, el Nuevo Testamento en Punjabi.

El primer grupo de misioneros —los presbiterianos estadounidenses— llegó a Punjab en 1834. Descubrieron que la traducción de la Biblia de Carey ya estaba circulando en Punjab. Notaron sus debilidades y comenzaron una nueva traducción de la Biblia en Punjabi, mientras también preparaban una gramática y un diccionario desde cero. John Newton publicó la nueva y completa gramática de Punjabi en 1851. Otra obra significativa, el diccionario de Levi Janvier, se publicó en 1854. Una nueva traducción del Nuevo Testamento se publicó en 1868, marcando la transición del Punjabi tradicional al moderno.

El movimiento de traducción de la Biblia fue lo que hizo posible que la Compañía Británica de las Indias Orientales reemplazara el persa por los vernáculos locales como idiomas administrativos oficiales. A la luz del Acta 29 de 1883, el Punjabi debería haber sido designado como el idioma oficial de Punjab. Sin embargo, debido a consideraciones administrativas y políticas, y porque el Punjabi aún estaba subdesarrollado, el gobierno de Punjab de la época hizo del urdu su idioma oficial. El Punjabi, el idioma del pueblo, perdió como el idioma de la élite educada.

Los idiomas necesitan patrocinadores. Sin apoyo institucional, los idiomas raramente se desarrollan y se sostienen por sí mismos. El persa, por ejemplo, era el idioma cortesano de Maharaja Ranjit Singh, el más grande gobernante sij de la época. Escritores sij en otros principados sijes escribían en Braj, el popular idioma literario del norte de la India. El urdu y el persa continuaron dominando a la élite educada de Punjab.

El movimiento bíblico empoderó la lengua materna de las masas. Los misioneros cristianos cambiaron Punjab porque la Biblia les enseñó que Dios quería que todas las personas conocieran la verdad liberadora.

Las políticas oficiales y los prejuicios de la élite nativa no disuadieron a los eruditos misioneros. Continuaron publicando e imprimiendo las buenas nuevas de la salvación en Punjabi. Así, los presbiterianos estadounidenses y más tarde los misioneros de la CMS se convirtieron en los patrocinadores alternativos del idioma Punjabi en el siglo XIX. Su trabajo hizo posible que el posterior resurgente movimiento sij promoviera y desarrollara el idioma Punjabi.

Punjab progresó porque los misioneros no limitaron su esfuerzo a publicar la Biblia y textos devocionales. Introdujeron una variedad de modos literarios al Punjabi: obras de un acto, cuentos y especialmente la novela. La primera novela en Punjabi, *Jyotiruday*, salió de los cuarteles misioneros en 1882. Es decir, dieciséis años antes de *Sundari*, la novela del escritor sij Bhai Vir Singh.

Las mentes fanáticas encuentran difícil dar crédito donde se debe. Sin embargo, un eminente erudito punjabi, Gurcharan Singh Arshi, reconoció el impacto de la Biblia y los misioneros con estas palabras:

> Aunque los misioneros cristianos vinieron con la intención de propagar y avanzar [su] religión, en ese empeño *enriquecieron tanto la lengua y literatura punjabi* que hoy la literatura punjabi no es en ningún modo inferior a la literatura en otros idiomas indios.

The Inquisition and Spanish Bible Translation

by Russell Galloway

Introduction

THE 16TH AND 17TH CENTURIES in Spain are often referred to as the "Golden Age". This period of Spanish prominence encompassed rich religious movement: the Renaissance, the Reformation, the Counter-Reformation, and the Baroque. In Golden Age Spain, literature flourished, art blossomed, music resounded— not to mention Spain's territory grew to global proportion. Popular religion remembers the mystic poets: John of the Cross and Teresa of Ávila. Readers of world literature may know Lope de Vega, or Calderón de la Barca—both playwrights, both Catholic priests. And of course, there's Cervantes— whose magnum opus *Don Quixote* left to posterity the timeless tale of a tall, thin knight-errant who sallies forth with his short, stocky squire into hilarious adventures. Cervantes' hallmark parody remains the world's best-selling novel, and for good reason—the *Quixote* transgressed literary mores, displayed dynamic character development, bent the limits of Spanish language, and developed a dynamic duo prototype that would eventually inspire the US television characters Seinfeld and George Costanza. Today, *Don Quixote* is the second most translated book of all time, second only to the Bible. This was not the case, though, in Golden Age Spain where the popular and personal readership of the Bible in the Spanish vernacular tongue remained a rarity, and a risk.

The story of the Spanish Bible suffers somewhat of a research gap. In his thesis on the Spanish Bible's history, Peter Hasbrouck observes: "While the Tyndale, Coverdale, Geneva and King James Bibles of the

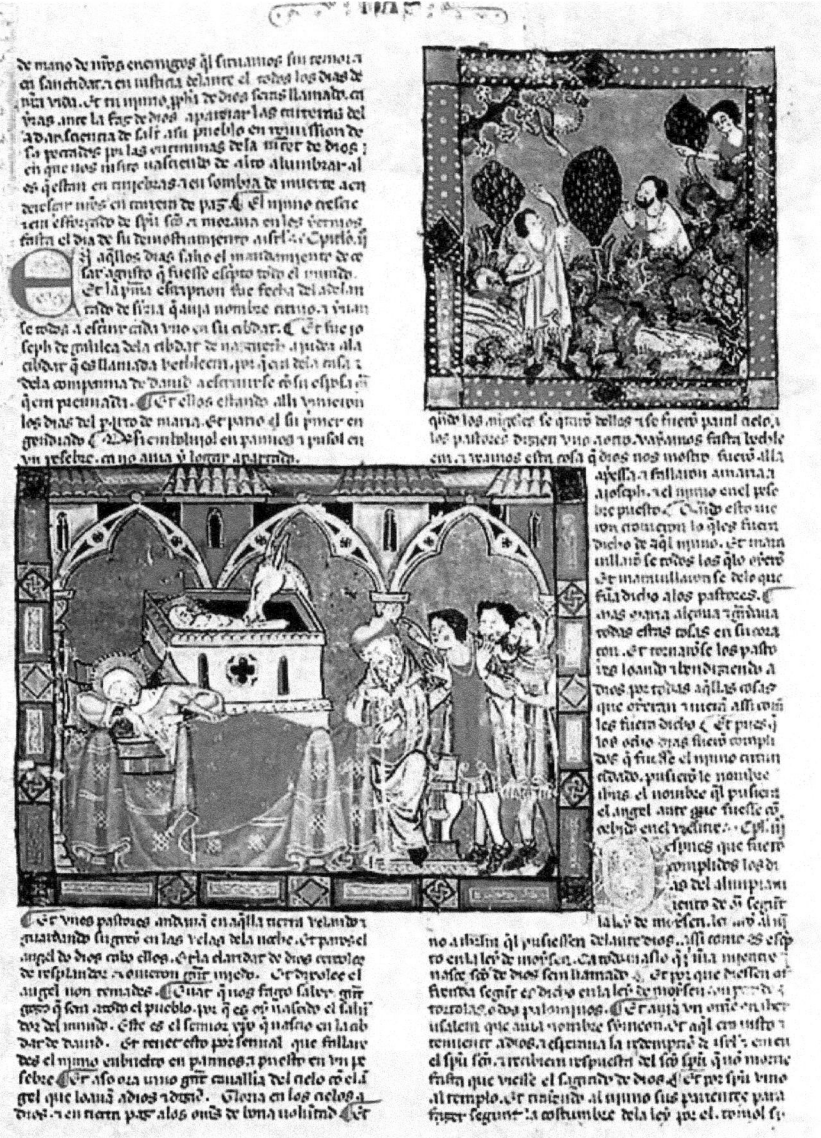

Page of the Alfonsine Bible (Biblia Alfonsina) where the birth of Jesus is narrated.

English Protestants and Luther's German Bible have received considerable scholarly attention, the Spanish Bibles have been largely ignored". This comparative research gap correlates with the high restriction and low publication of Spanish Bibles in the early modern Europe, especially in the Iberian Peninsula. Thankfully, though, publication of the Spanish Bible has since thrived, and readers can now choose from several dozen full length editions. This study, then, shares the story of the Spain's historic relationship with Scripture while highlighting the nation's particular relationship with the Spanish language Bible. By organizing existing research, I detail the development of the Spanish Bible, evaluating the conditions which hindered its popular dissemination, documenting touchstone translations, and suggesting conclusions which reinscribe the value of vesting ecclesial authority where it rightly belongs: the Biblical text completed by the apostles.

The First Spanish 'Bible'

During the high Middle Ages, King Alfonso X of Castile (AD 1221–84) commissioned a team of scribes to compose various cultural codices, a unifying act which sought to establish a common Spanish language, polity, and cultural identity. This collaborative project became the *de jure* cultural canon for Castile—a smaller kingdom which would eventually grow to become the Kingdom of Spain. Incidentally, a fruit of this centralized cultural project was a bastardized Bible translated into a Medieval sort of Spanish. Thus was birthed the first Spanish language quasi-Bible, an eclectic codex now known as the *Biblia alfonsina*. Those who might have been fortunate enough to have laid eyes on this compendium would have found a full and faithful exegesis nearly impossible. This abridged Bible stitched together summaries of biblical, ecclesial, and history narrative, even intercalating mythological tales. Although the work was unfinished, Alfonso's curious canon offers an imaginative (and ethnocentric) take on the history of humanity, given its stated aims to connect the biblical Adam to the throne of Castile. Suffice it to say, the glorious "Amen" of Revelation 22 was not the last word of the *Biblia alfonsina*!

Such were the seeds sown into the shallow, rocky soil of Spain's national religious discourse, a soil whose seeds would germinate later to bear a vainglorious fruit, a fruit which would develop to magisterially misunderstand the relationship between the Bible and the one holy catholic and apostolic church. It has been plausibly argued that Alfonso's work fostered a discourse which nurtured negative attitudes that underlaid the throne of King Ferdinand and Queen Isabella—the monarchs who would eventually expel from the Peninsula practicing Jews who refused to convert to Catholic Christianity. This antisemitic expulsion of 1492 confirmed a decisive point in Spain's departure from previous periods of Peninsular history which had been marked by a genuine religious coexistence (*convivencia*). Thinking back to Alfonso X's ersatz *Biblia alfonsina*, one can see the beginning of a historiographic trend wherein the sovereign ruler(s) had authority to link divine design and a Biblical *telos* to the nation's historical trajectory.

Spiritual Climate of Golden Age Spain

As the High Middle Ages gave way to the Renaissance, the spiritual environment of Golden Age Spain was ripe for reform. In the mid-fifteenth century, the Kingdoms of Aragon and Castille were seeing a marked moral decay, concubinage, and illiteracy amongst the Christian clergy. Amongst the laity, there existed a "wall of distrust between Old and New Christians". Old Christians, or those of deep Catholic heritage, struggled with an elitist, exclusive attitude, turning church into a club. New Christians, or "conversos", were Spain's messianic Jews, and they seem to have struggled with exalting their ethnic connection to "the lineage of Christ". The Spanish Catholic imagination, then, proved quick to index and elevate their ethnic inheritance, forgetting that God can raise up children of Abraham even from stones (Matt 3:9). Evincing amnesia about their origins and eschewing the inclusive terms of God's Covenant, the Spanish Catholic church struggled to remember the beauty of unity, and how they were one in Christ Jesus (Gal 3:28-29). Even before the Christ Covenant, God's intent for Israel never was an ethnic enclave, but has always been an outward facing nation which flourishes via its prescribed avenues: blessing others and growing in number (Gen 12:2-3).

Spain's well defended, rigid caste system, then, thwarted God's vision of *Shalom*. The renown Hispanist América Castro maintains that these toxic, ethno-nationalist notions of "blood purity" amongst Spain's New Christians shared in the sentiment that would later underlie Nazi Germany. Hispanist Henry Kamen also notes that "the way in which the Inquisition equated race, heresy and shame was commented on frequently by observers", which is startling, given the Inquisition's close, cozy connection to the state. We must remember, though, that struggles of ethnic superiority are *not* unique to Spain, or Catholicism, and are clearly addressed and reprimanded in Acts 15. What *was* unique, though, in Golden Age Spain was how excommunication and a legal right to the use of force intermingled to systematically thwart the popular dissemination of the Spanish Bible.

The Spanish Inquisition, an infamous extremity of poorly stewarded ecclesial discipline, hovered over Spain's theological and intellectual life. This preoccupied those who, like Luther, were sifting through several centuries of what Cardinal Newman would later dub the "development of doctrine" to retrieve the clear gospel teachings found in the early church fathers (and… in the Bible). The Inquisition's severity was sporadic and sometimes did go easy on those who would 'recant', which some historical revisionists cite as sufficient reason to rebrand and to show sympathy to the Inquisition. Insofar as it truly was a dog with only a few teeth, teeth are still teeth, bites are still bites, and bloody biopolitics which threatens (or takes away) the lives of the faithful is… well… just that. As the Good Book teaches, wickedness is never justified by citing its supposed infrequency, or by comparing it to an evil of 'greater' magnitude. It's funny how Inquisitional apologists don't show a similar sympathy to Pontius Pilate for the "one-off-death" of our Lord Jesus, who on the cross "offered for all time a single sacrifice for sins" (Hebrews 10:12).

Ecclesial Reform and the Polyglot Bible

The sickly state of the Spanish church was not lost on the authorities, though. Despite Queen Isabella's harsh intolerance to the Sephardic Jewish community (and her tolerance of her Catholic subjects' antisemitism), she is reported to have had a "fervent, mystical, and intense" Catholic faith which caused her to lament the clergy's widespread adultery and intellectual poverty. Although her reform seems to have followed the trend of elevating the church's structure and neglecting its essence, Isabella did show general approval of Cardinal Jiménez de Cisneros, a champion of religious reform who genuinely treasured the Bible. Four years after the Queen's death, Cisneros founded the University of Alcalá, a theological center outside of Madrid which would become a theological hotbed known for its love of Scripture. From Alcalá would come "the great Complutensian Polyglot Bible, in which the Greek, Hebrew, and Latin texts were printed in parallel columns".

Cisneros' cohort sought a comprehensive textual understanding which saw beyond the Vulgate's errors, which more and more philologists were beginning to recognize. Cisneros' reforms consisted of a simple restructuring of the University of Alcalá curriculum to include the study of the Bible, Biblical languages, and patristics. (As the Reformers said: *Augustinus totus noster est*). Within his Franciscan order, Cardenal Cisneros' reforms demanded a purer sexual morality, a decision which nudged some 400 friars to embrace Islam and move to North Africa. Unsurprisingly, re-centering the Bible had the effect of purifying the order's orthopraxy. Yet, the popular publication of the Bible for the priesthood of *all* believers remained a missing piece of these otherwise positive religious reforms.

(De)valorizing the Vulgar

The suspicion over the public's intellectual capacity was not a uniquely Catholic anxiety. In Spain, prevailing public opinion decried the intellectual ineptitude of the masses—an idea ironically promulgated by the great humanist, Erasmus. No wonder, then, that the Catholic church held similar suspicion and prejudice about the public's ability to rightly divide the Word of truth (2 Tim. 2:15). The Catholic church, though, did not utterly starve its flock, despite the caricatures found in anti-Catholic propaganda. Religious *literature* flourished during the Golden Age, circulating some 3,000 religious titles. This means that the Spanish Catholic co-religionists published, sought, or received curated

The plateresque facade (R. Gil de Hontañón, 1543) of the most recognized building of the university. (CC BY-SA 4.0).

religious literature approved by a centralized Catholic hermeneutic. Ascertaining early modern literacy rates remains speculative, but we do know that a robust religious literature fed some percentage of literate Spanish Catholics, as well as many others who could listen. Because the Catholic church did seek to train up an educated population though religious treatises, catechisms, and other literature aligned with a centralized hermeneutic, it would be intellectually dishonest to say that the Catholic church in Spain sought to keep a spiritually "stupid" population.

Beyond the question of an individual's spiritual and intellectual capability, centralized authorities doubted the ability of vernacular languages to convey truth. Given their linguistic, phonetic, and orthographical irregularity, early modern Spanish and romance languages were deemed "not worthy vessels to carry the holy writings". Latin, being a dead language and thus impervious to change, seemed the safer option to preserve the deposit of the faith. (As any good Latin teacher would joke: Spanish is just bad Latin!). This is likely why the first Catholic-authorized Spanish Bible did not appear until 1793, with the publication of the Padre Scio Bible.

"Koinization" and Censorship

Concern over linguistic *koinization* (simplification) and mutual unintelligibility in communication was nothing new, though. Linguistic difference between clerical Latin and the laymen's vernacular had already been deliberated at the Council of Tours (813), which, in conclusion, permitted priests to offer the sacramental force of a homily in a vernacular tongue (proto-Romance) which parishioners could understand. Likewise, our Lord was content to communicate the New Testament through the linguistic simplicity of koine Greek. Why, then, was transcribing the Bible into the vernacular Spanish treated as a contentious topic, a high-risk activity? Restricted to the fruits of clerical contemplation, how can parents effectively pass on the fullness of truth to their children, especially when clerical reform was needed (Deut. 11:19)? How can the faithful hide the Word in their heart in daily, ordinary moments, as they "walk along the road" (Deut. 6:7) if Scripture is rarely read beyond the parochially planned Mass? Is the Word of God to be hard and far off, or does God desire it to be near, "in your mouth and in your heart" (Deut. 30:11-14)?

Undoubtedly, the restrictive censorship of the Spanish Bible was out of step with the spirit of established conciliar precedent, not to mention antithetical to the accessible spirit of Scripture itself. R. C. Sproul reminds us of what the Reformers reclaimed: "The Bible is basically clear and lucid. It is simple enough for any literate person to understand its *basic message*". Why, then, did the Spanish authorities snuff the Book containing this basic message? Had temporal power supplanted a transcendental vision? Why has doctrine "developed" to the point of making nebulous this basic message? Remember in the Garden of Eden when doctrine 'developed' beyond the original Word of God? "You shall not eat of the fruit of the tree that is in the midst of the garden, *neither shall you touch it*, lest you die" (Gen. 3:3, *emphasis mine*). Adam and Eve developed the clause about touching. What happened next?

Subsequent Translations of the Bible

The first prominent Spanish Bible of the Golden Age was published in Antwerp, outside of the Spanish Peninsula. The translator, Francisco de Enzinas, based his Spanish text on Erasmus' Greek New Testament. As Enzinas worked, Spain was the only European nation which "did not possess the Scriptures in the vulgar language". Enzinas "acquired the knowledge of the reformed doctrines" as a young man while studying at Belgium's University of Louvain, where he developed "sympathy with the ideas of the Reformation". Philip Melanchthon, a friend of Enzinas, cited the Spaniard as a man blessed with magnanimity—a virtue describing a vivacious greatness of spirit. This magnanimous Spaniard dedicated his work to his king, Charles V. Although King Charles V approved of Enzinas' Scripture translation work, the king's personal confessor, Pedro de Soto, did not. Enzinas was subsequently placed in prison. He escaped successfully, taking a risk which bore fruit. With the direction of his friend Thomas Cranmer, Enzinas later acquired a Greek professorship at Cambridge. This pattern of escape to northern Europe was a pattern which other exiled Spanish Protestants would follow.

After most of Enzinas' work had been destroyed, another Spanish New Testament project was carried on by Juan Perez de Pineda, a monk who fled to northern Europe from the protestant leaning monastery in Seville, San Isidoro del Campo. In 1556, Pineda published a three-by-five-inch version of Enzinas' Spanish New Testament, a novelty which sought to facilitate easier smuggling.

Sadly, the smuggler carrying the main delivery of these compact New Testaments was captured and subsequently killed in a 'reconciliatory' *auto-de-fe* ceremony. Pineda's subsequent translation of the Spanish New Testament was likewise seized and destroyed by the agents of King Phillip II. Though Pineda's body was not burned at the stake, his effigy was.

Years before, in 1478, another vernacular translation appeared in Italy, where a Jewish press in Ferrara printed two Spanish versions of Hebrew Old Testament. In these two versions——one Jewish, one Christian—the primary difference was the translation of the puzzling הָמַלְעָה in Isaiah 7:14: young girl, or virgin? These translations were approved by the Council of Trent and are believed to have entirely avoided the exhaustive list of prohibited books in the Spanish Peninsula. However, a complete Spanish language Bible joining both Testaments remained an aspiration until 1569.

What we know today as the Reina-Valera Bible began with the work of Casiodoro de Reina, another one of the monks from Seville's protestant-leaning monastery. Reina, like many from San Isidoro del Campo, likewise fled to northern Europe for greater religious liberty. Reina was a true pastor-scholar. In addition to translating the whole Bible into Spanish, Reina pastored in London, Antwerp, and Frankfurt. As Protestantism particularized into confessional identities, Reina was grieved by growing divides. He was not known for taking a stand in a particular "camp", and his love of Scripture was manifested with his complete translation of the Spanish Bible in 1569. This version, "The Bear Bible", or *La Biblia del Oso*, had a memorable aesthetic—a front cover depicting a bear seeking honey from a comb.

Reina's Bible included a lengthy preface, notably longer than the preface of Enzinas or Pineda. Reina's preface appealed to the monarchs and magistrates, that they might give glory beyond themselves to God. A significant portion of his preface, though, was directed toward lay readers. Seeking to safeguard the laity from heresy, Reina's Bible showed heavy reliance on paratext, which consisted of reading aids such as "prefaces, chapter summaries, and marginal annotations". Think of the "Study Bibles" of today. Reina was a pragmatic man who kept the main thing, well, the main thing. He did not fall easily into confessional lines; Reina lamented the growing divide between Lutherans and Calvinists, though he would end up a Lutheran. When he translated, he didn't stick

Casiodoro de Reina
(c. 1520 – 15 March 1594)

to one original source, but relied on a multitude of sources to arrive at the best translation. Similar to how the bear on his front cover sought honey, Reina joined with the Psalmist who knew the Word of God as "sweeter also than honey, and drippings of the honeycomb" (Ps. 19:10).

A few decades later, another monk who had fled Seville's San Isidro monastery, Cipriano de Valera, noted the few extant copies of Reina's *Biblia del Oso*. Thus, Valera, saw a need to revise Reina's work. After publishing a Revised version of Reina's New Testament in 1596, Valera completed his own Spanish translation of the whole Bible in 1602. Although less is known about his life, Valera's imprint is not forgotten as the *Reina-Valera* Spanish Bible has continued to be revised and used by the faithful.

Despite these great efforts, Spanish Protestants who found themselves exiled across Europe often assimilated into the dominant Reformed culture. Given the low numbers of Spanish Protestants both on the Peninsula and in exile, the demands for Spanish Bibles never quite matched that of neighboring European nations. The Protestant Reformation in Spain, therefore, must be brought to fruition. As Reina's work shows, the laity can be trusted with careful, wise exegesis.

Monitoring for Heresy

In restricting the vernacular Bible, the authorities used "language" in their effort to prevent heresy. Alfonso de Castro, a Spanish Capuchin friar, maintained that the translation of the Scriptures into the vernacular tongues "is the true foundation of all heresies". Yet, to test this otherwise noble impulse (doctrine notwithstanding), let us remember the case of the early church, when false gospels and non-canonical books threatened to taint the nascent Biblical canon with false testimony. How did the early church respond to the canonical chaos? The faithful used their practical wisdom, good sense,

Cipriano de Valera (1531–1602), La Biblia del Siglo de Oro, Sociedad Bíblica de España.

and reliance on the Holy Spirit to distinguish the Word of God from the voice of man. Indeed, a consensus regarding the canon of Scripture had been reached by about AD 190. Neither the Council of Nicaea nor the Council of Carthage engendered the Bible, and the Bible is not simply "a Catholic book" birthed by Rome's authority. The Bible preceded church councils.

With the supposed threat of heresy brought by distributing the Bible in the vernacular tongue, it follows to ask: did Arianism, Pelagianism, Donatism spread from the top down, or from the bottom up? Did heresy result from an individualized exegesis brought on by private reading of Scripture? These heresies (named after specific people...) were promulgated along a vertical axis of power by individual leaders. Contrary to Castro's postulation about the grassroots, "ground up" spread of heresy, the real threat to orthodoxy is a centralized ecclesial power which operates alongside a civil government anxious to define and penalize heresy under the matrix of a logically unfalsifiable, self-propagating magisterium.-

Conclusion

As C.S. Lewis describes in his *The Allegory of Love: A Study in Medieval Tradition*, Catholicism does not rest until it is "embodied in bricks and mortar, or official positions, or institutions". Undoubtedly, the Catholic church (denomination) at its best has used its unity to be a force-of-love for the welfare of nations and individuals. To be charitable, the Catholic church's mingling with politics was sometimes due to it stepping up to fill a leadership vacuum left by a crumbling state. Nevertheless, with such an embodied focus and institutional presence, there arises an-attendant temptation to join voice with the disciples in Acts 1:6: "Lord, will you at this time restore the kingdom to Israel?"

Christ was born of the Virgin Mary to establish a kingdom on earth as it is in heaven. This great commission certainly calls Christ's mystical body to an institutional presence, but Christ does not call his church to exercise, or otherwise participate in lethal lawgiving which excitedly and mistakenly applies the Old Covenant's method of church discipline to Christians with valid doctrinal disagreement. The Scriptures show that for the church, God spiritualized the Levitical law's lethal consequences. When the Catholic church lost sight of this, Protestants lost their livelihoods, or sometimes lives. Practicing Catholics would be wise to ask themselves, then, whether it's prudent to submit to a structure which has yet to submit to an authority outside of itself.

Although the study of Reformational Spain may have fewer actors than some of its European counterparts, the study of the Spanish Bible gives valuable vignettes which call to mind: the cost of fidelity, the frustrations of systematic folly, and the ultimate futility of submitting Scripture to man's reason. Although the gates of hell will never prevail against God's one holy catholic and apostolic church, the church can start to unleash the gates of hell when she leans on her own understanding.

The de-centralizing translation work of the Reformers leaves us with one central question: where do we find the keys to the Kingdom? The one holy catholic and apostolic church, the pillar of truth—but only insofar as she *submits* to the church councils' ultimate authority: the Bible.

Neither the Hapsburgs, nor the Bourbons, nor the short-lived Spanish Republics, nor Franco, nor the secular, socialist influences of today's Spanish government ushered in the Kingdom of God, nor should they have. Civil government and the church catholic have different roles, different spheres, and operate in two distinct jurisdictions. When they operate together, and the people at the top neglect the primacy and content of the Scriptures, then the effect can thwart human flourishing in political, social, economic, and spiritual ways. While it may seem like a futile footnote of history, or like a dimly burning wick that Phillip II quenched, Golden Age Spain does have a legacy of centering the Bible in ecclesiastical and lay life so that it can be read by the faithful. God reaches His people through Word and Sacrament, so there remains work to be done to bring widespread Biblical literary to Spain. Indeed, the Word became flesh and dwelt among us, that we might take, eat, and drink the fullness of truth. Nourished by the sacraments, may we *all* take and read. *Tolle lege.*

Endnotes

i Antonio Carreño-Rodríguez, Antonio. "Costello + Panza = Costanza." *Journal of Popular Film and Television* 37, no. 2 (2009): 80-89. Taylor & Francis Online, 80.

ii The Harvard Gazette. "A True Giant." Accessed Dec. 27, 2023. https://news.harvard.edu/gazette/story/2016/04/a-true-giant/.

iii Peter W. Hasbrouck, "Enzinas to Valera: Motives, Methods and Sources in Sixteenth-Century Spanish Bible Translation." PhD Diss., Boston University, Boston, 2015. ProQuest Dissertations & Theses Global, 15.

iv Carlos Alvar, José Carlos Mainer, and Rosa Navarro, *Breve historia de la literatura española* (Madrid: Alianza editorial, 2014), 114.

v Ibid, 113, 115.

vi James R. Stamm, *A Short History of Spanish Literature* (New York: New York University Press, 1979), 40

vii Alvar et al, *Breve historia*, 194-96

viii Roldán-Figueroa, Rady. "Casiodoro de Reina as Biblical Exegete: Studies on the 1569 Spanish Translation of the Bible." PhD Diss., Boston University, Boston, 2004. ProQuest Dissertations & Theses Global, 67.

ix Kamen, Henry. *The Spanish Inquisition: A Historical Revision, 4th Edition.* (New Haven: Yale University Press, 2014), 50.

x Ibid.

xi José Carlos del Alma. *La opinión pública en la España de Cervantes* (Pamplona: Ediciones Universidad de Navarra, 2013), 73.

xii Kamen, *The Spanish Inquisition*, 317

xiii J. H. Elliot, *Imperial Spain* (London: Edward Arnold, 1963), 92.

xiv Ibid., 93

xv Estela, Roselló Soberón, *Así en la tierra como en el cielo* (Mexico City: El colegio de México, 2006), 30-31.

xvi Elliot, *Imperial Spain*, 93.

xvii del Ama, *La opinión pública*, 63.

xviii Weber, Alison P. "Religious literature in early modern Spain." In *The Cambridge History of Spanish Literature*, edited by David T. Gies (Cambridge: Cambridge University Press, 2008), 149.

xix Hasbrouck, "Enzinas to Valera", 51.

xx Alvar et al, *Breve historia*, 95.

xxi R. C. Sproul, *Knowing Scripture* (Downers Grove: InterVarsity Press, 1977), 13.

xxii Elliot, *Imperial Spain*, 218.

xxiii Thomas M'Crie, *History of the Progress and Suppression of the Reformation in Spain in the Sixteenth Century* (New York: AMS Press, 1971), 190.

xxiv Ibid., 177.

xxv Kamen, *The Spanish Inquisition*, 115.

xxvi M'Crie, *Reformation in Spain*, 195.

xxvii Kamen, *The Spanish Inquisition*, 115.

xxviii M'Crie, *Reformation in Spain*, 195.

xxix Otis Green, *España y la tradición occidental: El espíritu castellano en la literatura desde "El Cid" hasta Calderón, III* (Madrid: Editorial Gredos, 1969), 151.

xxx A. Gordon Kinder, "Protestantism in Sixteenth-Century Spain", *Mediterranean Studies* 3 (1992), 69.

xxxi Kamen, *The Spanish Inquisition*, 115.

xxxii Elliot, *Imperial Spain*, 218.

xxxiii Hasbrouck, "Enzinas to Valera", 107.

xxxiv Ibid., 109.

xxxv Kinder, "Protestantism", 69.

xxxvi Hasbrouck, *Enzinas to Valera*, 130-32.

xxxvii Ibid., 138.

xxxviii Ibid., 142.

xxxix Roldán-Figueroa, "Casiodoro de Reina", 18.

xl Hasbrouck, *Enzinas to Valera*, 143.

xli Ibid., 147.

xlii Ibid., 150.

xliii Ibid., 70.

xliv M'Crie, *Reformation in Spain*, 202.

xlv Everett Ferguson, *Church History, Volume One: From Christ to the Pre-Reformation: The Rise and Growth of the Church in Its Cultural, Intellectual, and Political Context* (Grand Rapids: Zondervan, 2005), 114.

xlvi Chris Alar, "Why the Bible Is Actually a Catholic Book (feat. Fr. Chris Alar, MIC)", Produced by Ascension Presents, Sept. 30, 2021. Religious education video, 5:17. Accessed Dec. 31, 2023, https://www.youtube.com/watch?v=khg8VSD6jF8/.

xlvii C. S. Lewis, *The Allegory of Love: A Study in Medieval Tradition* (Oxford: Clarendon Press, 1936), 323.

xlviii Deborah Forteza, "The English Reformation in the Spanish Imagination: Rewriting Nero, Jezebel, and the Dragon" (Toronto: University of Toronto Press, 2022), 42-43.

La Inquisición y la Traducción de la Biblia al Español

por Russell Galloway

Introduction

Los siglos XVI y XVII en España a menudo se conocen como la "Edad de Oro". Este período de prominencia española abarcó un rico movimiento religioso: el Renacimiento, la Reforma, la Contrarreforma y el Barroco. En la España de la Edad de Oro, la literatura floreció, el arte se desarrolló, la música resonó, sin mencionar que el territorio de España creció a proporciones globales. La religión popular recuerda a los poetas místicos: Juan de la Cruz y Teresa de Ávila. Los lectores de literatura mundial pueden conocer a Lope de Vega o Calderón de la Barca, ambos dramaturgos, ambos sacerdotes católicos. Y por supuesto, está Cervantes, cuya obra maestra *Don Quijote* dejó a la posteridad el relato atemporal de un caballero andante alto y delgado que sale en hilarantes aventuras con su escudero bajo y corpulento. La parodia característica de Cervantes sigue siendo la novela más vendida del mundo, y con buena razón: el *Quijote* transgredió las normas literarias, mostró un desarrollo dinámico de personajes, amplió los límites del idioma español y desarrolló un prototipo de dúo dinámico que eventualmente inspiraría a los personajes de televisión estadounidenses Seinfeld y George Costanza. Hoy, *Don Quijote* es el segundo libro más traducido de todos los tiempos, solo superado por la Biblia. Sin embargo, esto no fue el caso en la España de la Edad de Oro, donde la lectura popular y personal de la Biblia en lengua vernácula española seguía siendo una rareza y un riesgo.

La historia de la Biblia española sufre algo así como una brecha en la investigación. En su tesis sobre la his-

Página de la Biblia Alfonsina donde se narra el nacimiento de Jesús.

toria de la Biblia española, Peter Hasbrouck observa: "Mientras que las Biblias de Tyndale, Coverdale, Ginebra y King James de los protestantes ingleses y la Biblia alemana de Lutero han recibido considerable atención académica, las Biblias españolas han sido en gran parte ignoradas". Esta brecha de investigación comparativa se correlaciona con la alta restricción y baja publicación de Biblias en español en la Europa moderna temprana, especialmente en la península ibérica. Afortunadamente, sin embargo, la publicación de la Biblia en español ha prosperado desde entonces, y los lectores ahora pueden elegir entre varias docenas de ediciones completas. Este estudio, entonces, comparte la historia de la relación histórica de España con las Escrituras, destacando la relación particular de la nación con la Biblia en lengua española. Organizando la investigación existente, detallo el desarrollo de la Biblia en español, evaluando las condiciones que obstaculizaron su diseminación popular, documentando traducciones importantes y sugiriendo conclusiones que reinscriben el valor de otorgar la autoridad eclesiástica donde realmente pertenece: el texto bíblico completado por los apóstoles.

La Primera "Biblia" en Español

Durante la Alta Edad Media, el Rey Alfonso X de Castilla (1221–84 d.C.) encargó a un equipo de escribas componer varios códices culturales, un acto unificador que buscaba establecer un lenguaje, una polity y una identidad cultural comunes para España. Este proyecto colaborativo se convirtió en el canon cultural de facto de Castilla, un reino menor que eventualmente crecería para convertirse en el Reino de España. Casualmente, un fruto de este proyecto cultural centralizado fue una Biblia bastarda traducida a una especie de español medieval. Así nació la primera Biblia en lengua española, un códice ecléctico ahora conocido como la Biblia alfonsina. Aquellos que podrían haber tenido la fortuna de haber posado sus ojos en este compendio habrían encontrado casi imposible una exégesis completa y fiel. Esta Biblia abreviada cosía juntas resúmenes de narrativas bíblicas, eclesiales e históricas, incluso intercalando cuentos mitológicos. Aunque la obra estaba inacabada, el curioso canon de Alfonso ofrece una perspectiva imaginativa (y etnocéntrica) sobre la historia de la humanidad, dado su objetivo declarado de conectar al bíblico Adán con el trono de Castilla. ¡Basta decir que el glorioso "Amén" de Apocalipsis 22 no fue la última palabra de la Biblia alfonsina!

Estas fueron las semillas sembradas en el suelo pedregoso y superficial del discurso religioso nacional de España, un suelo cuyas semillas germinarían más tarde para dar un fruto vanaglorioso, un fruto que se desarrollaría para entender magistralmente mal la relación entre la Biblia y la única santa iglesia católica y apostólica. Se ha argumentado plausiblemente que la obra de Alfonso fomentó un discurso que nutrió actitudes negativas que subyacían al trono del Rey Fernando y la Reina Isabel, los monarcas que eventualmente expulsarían de la Península a los judíos practicantes que se negaban a convertirse al cristianismo católico. Esta expulsión antisemita de 1492 confirmó un punto decisivo en la desviación de España de períodos anteriores de la historia peninsular que habían estado marcados por una auténtica coexistencia religiosa (*convivencia*). Mirando hacia atrás a la *ersatz* Biblia alfonsina de Alfonso X, se puede ver el comienzo de una tendencia historiográfica en la que el(los) gobernante(s) soberano(s) tenían autoridad para vincular el diseño divino y un *telos* bíblico a la trayectoria histórica de la nación.

El clima espiritual de la España del Siglo de Oro

A medida que la Alta Edad Media daba paso al Renacimiento, el ambiente espiritual de la España del Siglo de Oro estaba maduro para la reforma. A mediados del siglo XV, los Reinos de Aragón y Castilla experimentaban una marcada decadencia moral, concubinato e iletrismo entre el clero cristiano. Entre los laicos, existía un "muro de desconfianza entre cristianos viejos y nuevos". Los cristianos viejos, o aquellos de profundo patrimonio católico, luchaban con una actitud elitista y exclusiva, convirtiendo la iglesia en un club. Los cristianos nuevos, o "conversos", eran los judíos mesiánicos de España, y parecen haber luchado por exaltar su conexión étnica con "el linaje de Cristo". La imaginación católica española, entonces, se mostró rápida para indexar y elevar su herencia étnica, olvidando que Dios puede levantar hijos de Abraham incluso de las piedras (Mateo 3:9). Mostrando amnesia sobre sus orígenes y eludiendo los términos inclusivos del Pacto de Dios, la iglesia católica española luchaba por recordar la belleza de la unidad y cómo eran uno en Cristo Jesús (Gálatas 3:28-29). Incluso antes del Pacto de Cristo, la intención de Dios para Israel nunca fue un enclave étnico, sino siempre ha sido una nación orientada hacia el exterior que florece a través de sus avenidas prescritas: bendiciendo a otros y creciendo en número (Génesis 12:2-3).

El sistema de castas, bien defendido y rígido de España, entonces, frustró la visión de Shalom de Dios. La renombrada hispanista América Castro sostiene que estas nociones tóxicas, etnonacionalistas de "pureza de sangre" entre los cristianos nuevos de España compartían el sentimiento que más tarde subyacería en la Alemania nazi. El hispanista Henry Kamen también señala que "la forma en que la Inquisición equiparaba raza, herejía y vergüenza fue comentada frecuentemente por los observadores", lo cual es sorprendente, dada la estrecha y acogedora conexión de la Inquisición con el estado. Sin embargo, debemos recordar que las luchas de superioridad étnica no son únicas de España o del catolicismo y se abordan claramente y se reprenden en Hechos 15. Lo que fue único, sin embargo, en la España del Siglo de Oro fue cómo la excomunión y el derecho legal al uso de la fuerza se entremezclaron para impedir sistemáticamente la difusión popular de la Biblia en español.

La Inquisición Española, una infamia de la disciplina eclesiástica mal administrada, se cernía sobre la vida teológica e intelectual de España. Esto preocupaba a aquellos que, como Lutero, estaban cribando varios siglos de lo que el Cardenal Newman más tarde denominaría el "desarrollo de la doctrina" para recuperar las claras enseñanzas del evangelio encontradas en los padres de la iglesia primitiva (y... en la Biblia). La severidad de la Inquisición fue esporádica y a veces se mostró indulgente con aquellos que 'se retractaban', lo que algunos revisionistas históricos citan como razón suficiente para rebrandear y mostrar simpatía por la Inquisición. En la medida en que realmente era un perro con solo unos pocos dientes, los dientes siguen siendo dientes, las mordidas siguen siendo mordidas, y la biopolítica sangrienta que amenaza (o quita) la vida de los fieles es... bueno... eso. Como enseña el Buen Libro, la maldad nunca se justifica citando su supuesta infrecuencia, o comparándola con un mal de 'mayor' magnitud. Es curioso cómo los apologistas de la Inquisición no muestran una simpatía similar a Poncio Pilato por la "muerte única" de nuestro Señor Jesús, quien en la cruz "ofreció por todos un solo sacrificio por los pecados" (Hebreos 10:12).

Reforma Eclesiástica y la Biblia Políglota

El lamentable estado de la iglesia española no pasó desapercibido para las autoridades. A pesar de la dura intolerancia de la Reina Isabel hacia la comunidad judía sefardí (y su tolerancia al antisemitismo de sus súbditos católicos), se dice que tenía una fe católica "ferviente, mística e intensa" que la llevaba a lamentar la extendida adulteración y pobreza intelectual del clero. Aunque su reforma parece haber seguido la tendencia de elevar la estructura de la iglesia y descuidar su esencia, Isabel mostró una aprobación general del Cardenal Jiménez de Cisneros, un campeón de la reforma religiosa que verdaderamente atesoraba la Biblia. Cuatro años después de la muerte de la reina, Cisneros fundó la Universidad de Alcalá, un centro teológico fuera de Madrid que se convertiría en un semillero teológico conocido por su amor a las Escrituras. De Alcalá vendría "la gran Biblia Políglota Complutense, en la que los textos griego, hebreo y latino se imprimieron en columnas paralelas".

El grupo de Cisneros buscaba una comprensión textual completa que viera más allá de los errores de la Vulgata, que cada vez más filólogos comenzaban a reconocer. Las reformas de Cisneros consistieron en una simple reestructuración del currículum de la Universidad de Alcalá para incluir el estudio de la Biblia, los idiomas bíblicos y la patrística. (Como decían los Reformadores: Augustinus totus noster est). Dentro de su orden franciscana, las reformas del Cardenal Cisneros exigían una moralidad sexual más pura, una decisión que llevó a unos 400 frailes a abrazar el Islam y mudarse al norte de África. Como era de esperar, recentrar la Biblia tuvo el efecto de purificar la ortopraxis de la orden. Sin embargo, la publicación popular de la Biblia para el sacerdocio de todos los creyentes seguía siendo una pieza faltante en estas reformas religiosas por lo demás positivas.

La fachada plateresca (R. Gil de Hontañón, 1543) del edificio más reconocido de la universidad. (CC BY-SA 4.0).

Desvalorización de lo Vulgar

La sospecha sobre la capacidad intelectual del público no era una ansiedad exclusivamente católica. En España, la opinión pública predominante deploraba la ineptitud intelectual de las masas, una idea irónicamente promulgada por el gran humanista, Erasmo. No es de extrañar, entonces, que la iglesia católica tuviera una sospecha y prejuicio similares sobre la capacidad del público para dividir correctamente la Palabra de verdad (2 Tim. 2:15). Sin embargo, la iglesia católica no dejó completamente en ayunas a su rebaño, a pesar de las caricaturas encontradas en la propaganda anticatólica. La literatura religiosa floreció durante el Siglo de Oro, circulando alrededor de 3,000 títulos religiosos. Esto significa que los co-religionarios católicos españoles publicaron, buscaron o recibieron literatura religiosa seleccionada aprobada por una hermenéutica católica centralizada. Determinar las tasas de alfabetización de la temprana edad moderna sigue siendo especulativo, pero sabemos que una robusta literatura religiosa alimentó a cierto porcentaje de católicos españoles alfabetizados, así como a muchos otros que podían escuchar. Dado que la iglesia católica buscó formar una población educada a través de tratados religiosos, catecismos y otra literatura alineada con una hermenéutica centralizada, sería intelectualmente deshonesto decir que la iglesia católica en España buscó mantener una población espiritualmente "estúpida".

Más allá de la cuestión de la capacidad espiritual e intelectual de un individuo, las autoridades centralizadas dudaban de la capacidad de las lenguas vernáculas para transmitir la verdad. Dada su irregularidad lingüística, fonética y ortográfica, el español moderno temprano y las lenguas romances se consideraban "no dignos vasos para llevar los escritos sagrados". El latín, al ser una lengua muerta y por lo tanto impervia al cambio, parecía la opción más segura para preservar el depósito de la fe. (¡Como cualquier buen profesor de latín bromearía: ¡El español es solo latín malo!). Esto es probablemente por qué la primera Biblia en español autorizada por los católicos no apareció hasta 1793, con la publicación de la Biblia del Padre Scio.

"Koinización" y censura

La preocupación por la *koinización* lingüística (simplificación) y la incomprensión mutua en la comunicación no era nada nuevo. La diferencia lingüística entre el latín clerical y el vernáculo de los laicos ya había sido deliberada en el Concilio de

Tours (813), que, en conclusión, permitió a los sacerdotes ofrecer la fuerza sacramental de una homilía en una lengua vernácula (proto-romance) que los feligreses pudieran entender. Del mismo modo, nuestro Señor se contentó con comunicar el Nuevo Testamento a través de la simplicidad lingüística del griego koiné. ¿Por qué, entonces, transcribir la Biblia al español vernáculo se trató como un tema controvertido, una actividad de alto riesgo? Restringidos a los frutos de la contemplación clerical, ¿cómo pueden los padres transmitir efectivamente la plenitud de la verdad a sus hijos, especialmente cuando se necesitaba una reforma clerical (Deut. 11:19)? ¿Cómo pueden los fieles esconder la Palabra en su corazón en momentos diarios y ordinarios, mientras «caminan por el camino» (Deut. 6:7) si las Escrituras rara vez se leen más allá de la Misa planificada parroquialmente? ¿Debe ser la Palabra de Dios dura y lejana, o desea Dios que esté cerca, «en tu boca y en tu corazón» (Deut. 30:11-14)?

Sin duda, la censura restrictiva de la Biblia española estaba fuera de sintonía con el espíritu de los precedentes conciliares establecidos, por no mencionar que era antitético al espíritu accesible de la misma Escritura. R. C. Sproul nos recuerda lo que los Reformadores reclamaron:

"La Biblia es básicamente clara y lúcida. Es lo suficientemente simple para que cualquier persona alfabetizada pueda entender su mensaje básico". ¿Por qué, entonces, las autoridades españolas sofocaron el Libro que contiene este *mensaje básico*? ¿Había el poder temporal suplantado una visión trascendental? ¿Por qué se ha «desarrollado» la doctrina hasta el punto de hacer nebuloso este mensaje básico? Recuerda en el Jardín del Edén cuando la doctrina «se desarrolló» más allá de la Palabra original de Dios. «No comerás del fruto del árbol que está en medio del jardín, *ni lo tocarás, para que no mueras*" (Gén. 3:3, *énfasis mío*). Adán y Eva desarrollaron la cláusula sobre tocar. ¿Qué pasó después?

Las subsiguientes traducciones de la Biblia

La primera Biblia española prominente del Siglo de Oro se publicó en Amberes, fuera de la península española. El traductor, Francisco de Enzinas, basó su texto español en el Nuevo Testamento griego de Erasmo. Mientras Enzinas trabajaba, España era la única nación europea que "no poseía las Escrituras en el lenguaje vulgar". Enzinas "adquirió el conocimiento de las doctrinas reformadas" cuando era joven mientras estudiaba en la Universidad de Lovaina en Bélgica, donde desarrolló "simpatía por las ideas de la Reforma". Felipe Melanchthon, amigo de Enzinas, citó al español como un hombre bendecido con magnanimidad, una virtud que describe una gran vivacidad de espíritu. Este magnánimo español dedicó su trabajo a su rey, Carlos V. Aunque el rey Carlos V aprobó el trabajo de traducción de las Escrituras de Enzinas, el confesor personal del rey, Pedro de Soto, no lo hizo. Enzinas fue posteriormente encarcelado. Logró escapar con éxito, tomando un riesgo que dio fruto. Con la dirección de su amigo Thomas Cranmer, Enzinas más tarde adquirió una cátedra de griego en Cambridge. Este patrón de escape al norte de Europa fue un patrón que seguirían otros protestantes españoles exiliados.

Después de que la mayor parte del trabajo de Enzinas fuera destruido, otro proyecto del Nuevo Testamento español fue llevado a cabo por Juan Pérez de Pineda, un monje que huyó al norte de Europa desde el monasterio de inclinación protestante en Sevilla, San Isidoro del Campo. En 1556, Pineda publicó una versión del Nuevo Testamento español de Enzinas de tres por cinco pulgadas, una novedad que buscaba facilitar el contrabando más fácilmente. Lamentablemente, el contrabandista que llevaba la entrega principal de estos Nuevos Testamentos compactos fue capturado y posteriormente asesinado en una ceremonia 'reconciliatoria' de *auto-de-fé*. La subsiguiente traducción del Nuevo Testamento español de Pineda también fue confiscada y destruida por los agentes del rey Felipe II. Aunque el cuerpo de Pineda no fue quemado en la hoguera, su efigie sí lo fue.

Años antes, en 1478, otra traducción vernácula apareció en Italia, donde una imprenta judía en Ferrara imprimió dos versiones españolas del Antiguo Testamento hebreo. En estas dos versiones, una judía y otra cristiana, la principal diferencia era la traducción del enigmático הָעַלְמָה en Isaías 7:14: ¿joven o virgen? Estas traducciones fueron aprobadas por el Concilio de Trento y se cree que evitaron por completo la exhaustiva lista de libros prohibidos en la península española. Sin embargo, una Biblia completa en lengua española que uniera ambos Testamentos permaneció como una aspiración hasta 1569.

Lo que hoy conocemos como la Biblia Reina-Valera comenzó con el trabajo de Casiodoro de Reina, otro de los monjes del monasterio de inclinación protestante de Sevilla, San Isidoro del Campo. Reina, al igual que muchos de San Isidoro del Campo, también huyó al norte de Europa en busca de una mayor libertad re-

Casiodoro de Reina
(c. 1520 – 15 March 1594)

ligiosa. Reina era un verdadero pastor-erudito. Además de traducir toda la Biblia al español, Reina fue pastor en Londres, Amberes y Fráncfort. A medida que el protestantismo se particularizaba en identidades confesionales, Reina se entristecía por las divisiones crecientes. No era conocido por tomar partido en un "campo" particular, y su amor por las Escrituras se manifestó con su traducción completa de la Biblia al español en 1569. Esta versión, "La Biblia del Oso", tenía una estética memorable: una portada que mostraba a un oso buscando miel en un panal.

La Biblia de Reina incluía un extenso prefacio, notablemente más largo que el de Enzinas o Pineda.

El prefacio de Reina apelaba a los monarcas y magistrados, para que dieran gloria más allá de sí mismos a Dios. Sin embargo, una parte significativa de su prefacio estaba dirigida a los lectores laicos. Buscando proteger a los laicos de la herejía, la Biblia de Reina mostraba una gran dependencia del paratexto, que consistía en ayudas de lectura como "prefacios, resúmenes de capítulos y anotaciones marginales". Piense en las "Biblias de Estudio" de hoy. Reina era un hombre pragmático que mantenía lo principal, bien, lo principal. No caía fácilmente en líneas confesionales; Reina lamentaba la creciente división entre luteranos y calvinistas, aunque terminaría siendo luterano. Cuando traducía, no se ceñía a una única fuente original, sino que se basaba en una multitud de fuentes para llegar a la mejor traducción. Al igual que el oso en su portada buscaba miel, Reina se unía al salmista que conocía la Palabra de Dios como "más dulce también que la miel, y que el destilar del panal" (Sal. 19:10).

Unas décadas más tarde, otro monje que había huido del monasterio de San Isidro de Sevilla, Cipriano de Valera, notó las pocas copias existentes de la Biblia del Oso de Reina. Así, Valera vio la necesidad de revisar el trabajo de Reina. Después de publicar una versión revisada del Nuevo

Cipriano de Valera (1531–1602), La Biblia del Siglo de Oro, Sociedad Bíblica de España.

Testamento de Reina en 1596, Valera completó su propia traducción al español de toda la Biblia en 1602. Aunque se sabe menos sobre su vida, la huella de Valera no se olvida ya que la Biblia Reina-Valera en español ha continuado siendo revisada y utilizada por los fieles.

A pesar de estos grandes esfuerzos, los protestantes españoles que se encontraban exiliados por Europa a menudo se asimilaban a la cultura reformada dominante. Dado el bajo número de protestantes españoles tanto en la península como en el exilio, la demanda de Biblias en español nunca igualó la de las naciones europeas vecinas. Por lo tanto, la Reforma Protestante en España debe llevarse a cabo. Como muestra el trabajo de Reina, los laicos pueden ser confiados con una exégesis cuidadosa y sabia.

Vigilancia de la herejía

Al restringir la Biblia en lengua vernácula, las autoridades utilizaron el "idioma" en su esfuerzo por prevenir la herejía. Alfonso de Castro, un fraile capuchino español, mantenía que la traducción de las Escrituras a las lenguas vernáculas "es la verdadera fundación de todas las herejías". Sin embargo, para poner a prueba este impulso de otro modo noble (doctrina aparte), recordemos el caso de la iglesia primitiva, cuando evangelios falsos y libros no canónicos amenazaban con contaminar el incipiente canon bíblico con testimonios falsos. ¿Cómo respondió la iglesia primitiva al caos canónico? Los fieles utilizaron su sabiduría práctica, buen sentido y dependencia del Espíritu Santo para distinguir la Palabra de Dios de la voz del hombre. De hecho, se alcanzó un consenso respecto al canon de las Escrituras hacia el año 190 d.C. Ni el Concilio de Nicea ni el Concilio de Cartago engendraron la Biblia, y la Biblia no es simplemente "un libro católico" nacido de la autoridad de Roma. La Biblia precedió a los concilios eclesiásticos.

Con la supuesta amenaza de herejía traída por distribuir la Biblia en lengua vernácula, se sigue preguntando: ¿se difundieron el arrianismo, el pelagianismo, el donatismo de arriba hacia abajo o de abajo hacia arriba? ¿Resultó la herejía de una exégesis individualizada provocada por la lectura privada de las Escrituras? Estas herejías (nombradas después de personas específicas...) fueron promulgadas a lo largo de un eje vertical de poder por líderes individuales. Contrariamente a la postulación de Castro sobre la difusión de la herejía desde la base, la verdadera amenaza para la ortodoxia es un poder eclesiástico centralizado que opera junto a un gobierno civil ansioso por definir y penalizar la herejía bajo la matriz de un magisterio lógicamente infalsificable y auto-propagante.

Conclusión

Como describe C.S. Lewis en su obra *La alegoría del amor: un estudio en la tradición medieval*, el catolicismo no descansa hasta que se "encarna en ladrillos y mortero, o posiciones oficiales, o instituciones". Sin duda, la iglesia católica (denominación) en su mejor momento ha utilizado su unidad para ser una fuerza de amor para el bienestar de naciones e individuos. Para ser caritativos, la mezcla de la iglesia católica con la política a veces se debió a que esta asumió un liderazgo vacante dejado por un estado en declive. Sin embargo, con tal enfoque encarnado y presencia institucional, surge la tentación de unirse a la voz de los discípulos en Hechos 1:6: "Señor, ¿restaurarás el reino a Israel en este tiempo?"

Cristo nació de la Virgen María para establecer un reino en la tierra como en el cielo. Esta gran comisión ciertamente llama al cuerpo místico de Cristo a una presencia institucional, pero Cristo no llama a su iglesia a ejercer, o participar de otra manera en la legislación letal que aplica con entusiasmo y error el método del Antiguo Pacto de disciplina eclesiástica a cristianos con desacuerdos doctrinales válidos. Las Escrituras muestran que para la iglesia, Dios espiritualizó las consecuencias letales de la ley levítica. Cuando la iglesia católica perdió de vista esto, los protestantes perdieron sus medios de vida, o a veces sus vidas. Sería prudente que los católicos practicantes se preguntaran si es prudente someterse a una estructura que aún no se ha sometido a una autoridad fuera de sí misma.

Aunque el estudio de la España reformacional puede tener menos actores que algunos de sus homólogos europeos, el estudio de la Biblia española ofrece valiosas viñetas que recuerdan: el costo de la fidelidad, las frustraciones de la locura sistemática y la futilidad final de someter las Escrituras a la razón del hombre. Aunque las puertas del infierno nunca prevalecerán contra la iglesia de Dios, una, santa, católica y apostólica, la iglesia puede comenzar a desatar las puertas del infierno cuando se apoya en su propio entendimiento. El trabajo de traducción descentralizadora de los reformadores nos deja con una pregunta central: ¿dónde encontramos las llaves del Reino? La iglesia una, santa, católica y apostólica, pilar de la verdad, pero solo en la medida en que se somete a la autoridad última de los concilios de la iglesia: la Biblia.

Ni los Habsburgo, ni los Borbones, ni las efímeras Repúblicas Españolas, ni Franco, ni las influencias socialistas seculares del gobierno español actual inauguraron el Reino de Dios, ni deberían haberlo hecho. El gobierno civil y la iglesia católica tienen diferentes roles, diferentes esferas y operan en dos jurisdicciones distintas. Cuando operan juntos, y las personas en la cima descuidan la primacía y el contenido de las Escrituras, entonces el efecto puede frustrar el florecimiento humano de formas políticas, sociales, económicas y espirituales. Aunque puede parecer una nota a pie de página fútil de la historia, o como una mecha que apenas arde que Felipe II extinguió, la España del Siglo de Oro tiene un legado de centrar la Biblia en la vida eclesiástica y laica para que pueda ser leída por los fieles. Dios alcanza a Su pueblo a través de la Palabra y el Sacramento, por lo que queda trabajo por hacer para llevar la alfabetización bíblica generalizada a España. De hecho, la Palabra se hizo carne y habitó entre nosotros, para que podamos tomar, comer y beber la plenitud de la verdad. Nutridos por los sacramentos, que *todos* tomemos y leamos. *Tolle lege.*

Notas al final

i Antonio Carreño-Rodríguez, Antonio. "Costello + Panza = Costanza." *Journal of Popular Film and Television* 37, no. 2 (2009): 80-89. Taylor & Francis Online, 80.

ii The Harvard Gazette. "A True Giant." Accessed Dec. 27, 2023. https://news.harvard.edu/gazette/story/2016/04/a-true-giant/.

iii Peter W. Hasbrouck, "Enzinas to Valera: Motives, Methods and Sources in Sixteenth-Century Spanish Bible Translation." PhD Diss., Boston University, Boston, 2015. ProQuest Dissertations & Theses Global, 15.

iv Carlos Alvar, José Carlos Mainer, y Rosa Navarro, *Breve historia de la literatura española* (Madrid: Alianza editorial, 2014), 114.

v Ibid, 113, 115.

vi James R. Stamm, *A Short History of*

vii. Alvar et al, *Breve historia*, 194-96

viii. Roldán-Figueroa, Rady. "Casiodoro de Reina as Biblical Exegete: Studies on the 1569 Spanish Translation of the Bible." PhD Diss., Boston University, Boston, 2004. ProQuest Dissertations & Theses Global, 67.

ix. Kamen, Henry. *The Spanish Inquisition: A Historical Revision, 4th Edition*. (New Haven: Yale University Press, 2014), 50.

x. Ibid.

xi. José Carlos del Alma. *La opinión pública en la España de Cervantes* (Pamplona: Ediciones Universidad de Navarra, 2013), 73.

xii. Kamen, *The Spanish Inquisition*, 317

xiii. J. H. Elliot, *Imperial Spain* (London: Edward Arnold, 1963), 92.

xiv. Ibid., 93

xv. Estela, Roselló Soberón, *Así en la tierra como en el cielo* (Mexico City: El colegio de México, 2006), 30-31.

xvi. Elliot, *Imperial Spain*, 93.

xvii. del Ama, *La opinión pública*, 63.

xviii. Weber, Alison P. "Religious literature in early modern Spain." En *The Cambridge History of Spanish Literature*, edited by David T. Gies (Cambridge: Cambridge University Press, 2008), 149.

xix. Hasbrouck, "Enzinas to Valera", 51.

xx. Alvar et al, *Breve historia*, 95.

xxi. R. C. Sproul, *Knowing Scripture* (Downers Grove: InterVarsity Press, 1977), 13.

xxii. Elliot, *Imperial Spain*, 218.

xxiii. Thomas M'Crie, *History of the Progress and Suppression of the Reformation in Spain in the Sixteenth Century* (New York: AMS Press, 1971), 190.

xxiv. Ibid., 177.

xxv. Kamen, *The Spanish Inquisition*, 115.

xxvi. M'Crie, *Reformation in Spain*, 195.

xxvii. Kamen, *The Spanish Inquisition*, 115.

xxviii. M'Crie, *Reformation in Spain*, 195.

xxix. Otis Green, *España y la tradición occidental: El espíritu castellano en la literatura desde "El Cid" hasta Calderón, III* (Madrid: Editorial Gredos, 1969), 151.

xxx. A. Gordon Kinder, "Protestantism in Sixteenth-Century Spain", *Mediterranean Studies* 3 (1992), 69.

xxxi. Kamen, *The Spanish Inquisition*, 115.

xxxii. Elliot, *Imperial Spain*, 218.

xxxiii. Hasbrouck, "Enzinas to Valera", 107.

xxxiv. Ibid., 109.

xxxv. Kinder, "Protestantism", 69.

xxxvi. Hasbrouck, *Enzinas to Valera*, 130-32.

xxxvii. Ibid., 138.

xxxviii. Ibid., 142.

xxxix. Roldán-Figueroa, "Casiodoro de Reina", 18.

xl. Hasbrouck, *Enzinas to Valera*, 143.

xli. Ibid., 147.

xlii. Ibid., 150.

xliii. Ibid., 70.

xliv. M'Crie, *Reformation in Spain*, 202.

xlv. Everett Ferguson, *Church History, Volume One: From Christ to the Pre-Reformation: The Rise and Growth of the Church in Its Cultural, Intellectual, and Political Context* (Grand Rapids: Zondervan, 2005), 114.

xlvi. Chris Alar, "Why the Bible Is Actually a Catholic Book (feat. Fr. Chris

Alar, MIC)", Produced by Ascension Presents, Sept. 30, 2021. Religious education video, 5:17. Accessed Dec. 31, 2023, https://www.youtube.com/watch?v=khg8VSD6jF8/.

[xlvii] C. S. Lewis, *The Allegory of Love: A Study in Medieval Tradition* (Oxford: Clarendon Press, 1936), 323.

[xlviii] Deborah Forteza, "The English Reformation in the Spanish Imagination: Rewriting Nero, Jezebel, and the Dragon" (Toronto: University of Toronto Press, 2022), 42-43.

The Dominion of Christ's Kingship

by Abraham Kuyper

Man's Power over Nature

WESTERN CHRISTENDOM, with its long history of faith, should stand in awe of Christ. His authority should govern all relationships of life. No other name should command more respect among the nations than the name of the King anointed by God Himself. In times past, this was more or less the case, but it is not so today. Christ no longer reigns over national life. Among believers there is as yet no name higher than Christ's but unfortunately, though He is known as Savior, He is not always honored as the King given to us by God.

In general, religious sensitivity has withered. Religious affairs and concerns used to occupy people's minds, and even though evil found its way into their lives, it was experienced as evil. This is no longer true. Certain nominal religious practices are still observed perfunctorily at solemn occasions of state, but on the whole the public is too absorbed by material concerns to take "religion" seriously. Even the finest philanthropy glorifies only mankind.

This turn of events can best be explained, by the increase of man's power over nature, especially since the nineteenth century, which freed him from his fear of natural forces. As man felt less dependent on God, and, in fact, lost his fear of God, faith began to clash with science. As believers began to identify man's power over nature with demonic power, Christians became increasingly hostile to the natural sciences. There seemed to be no limit to the victories of science, and Christians could not see in man's power over nature the fulfillment of prophecy: Christ's spirit ruling over all of creation. They held to their faith desperately and deeply regretted and resented the successes of their "ungodly foe." Opposed to them were those people who glorified science and trusted in its promises for their well-being.

Over time, the influence of unbelievers on believers steadily increased. Believers were unable to isolate themselves entirely from the obvious benefits science provided; they began to take advantage of them. And since they had originally, though incorrectly, polarized faith and science, their own dependence on technology undercut their faith.

Compromise and Isolation

Thus a very unhealthy situation arose within the community of believers. Some were willing to compromise "somewhat" with science. There were those who, anxious to bridge the chasm, attempted to find a scientific basis for their faith. Others, condemning any "pact made with the devil," withdrew into isolation.

For over half a century, the Christian community was in turmoil over this issue. In fact, the split between religion and everyday life had long since forced the church out of the public arena together, badly weakening it. Then a reaction arose within the Christian community that effectively regenerated its faith life. Christians redefined their position with respect to the natural sciences as they redefined Christ's Kingship. Christians had come to realize that confessing Christ only as Savior neglected the majesty of His Kingship. They once again saw that Christ's Kingdom applied not only to things spiritual but to the whole scope of human life. Christ was once again acknowledged as the King to whom all power in heaven and on earth has been given.

For Christ's Sake

A king, by definition, reigns. Christ's dominion is not wrought by force of arms, and yet it is no doubt a force. Power is the primary attribute of Kingship, an attribute distinct from Christ's offices of Priest and Prophet. Being king has other attributes, for a king has other functions as he rules; yet even his other attributes and functions are ultimately derived from the central attribute of power.

Christ does not exist for us; we exist for Him. Human governments exist for the people. By contrast, we have been given to Christ by the Father. We are His possessions, His servants. It is primarily in this Lord-servant relationship that the kingly glory of Christ is manifested.

However, we must admit that many Christians, as they focus only on Christ's redemptive work, seem to think that Christ exists for man.

Indeed, in this work Christ has given himself for us in self-sacrifice and humiliation. We might conclude that our salvation was the only objective of Christ's redemptive work. However, the *real* objective was the restoration of the justice and glory of God. Only because we are creatures of that God and constantly challenged by the evil one did Christ's redemptive work include us. Even when we read that God so loved the world that He gave His only begotten Son, we may not conclude that our intrinsic value motivated God to be merciful to us. It means that God would not allow His handiwork to be forever despoiled by Satan, but intervened with the ultimate means available to restore His power on earth and thereby rescue the world from eternal perdition.

This is why Paul said: "Be reconciled to God" (2 Cor. 5:20), not: "Accept the opportunity God gives for you to be saved." The latter would not have taken into account the foundation of Christ's work of redemption nearly as much as his admonition: "Be reconciled to God."

The Early Church

In the early church, however, the preaching of the Word was directed toward the salvation of people's souls. This is understandable, for the gospel was being brought to those who had been estranged from God. For such people, an appeal to God's glory and Christ's Kingship would have been meaningless. Many people estranged from God do not feel particularly unhappy with their lives in the world. If confronted with a radical choice, they might misinterpret the call, and they might be loathe to give up all they've worked for. For this reason, evangelization efforts are most successful among the lower classes, among people who have a hard life in this world. Few missions are as effective as the Salvation Army, which addresses itself almost exclusively to the lower classes of society. In America and to some extent in England, evangelization does reach to the middle and higher classes of society, but in continental Europe, especially after the disappointing failures of the *Reveil*, few from the higher and intellectual classes have been reached. Occasionally a few individuals from those classes are touched by the gospel, but usually not as a result of common evangelization.

We know from apostolic literature that the same thing happened in the early church. "Not many of you were wise by human standards;" writes Paul in 1 Corinthians 1:26, "not many were influential; not many were of noble birth." Evangelism concentrates on those who, having nothing here on earth, expect nothing from the hereafter. It offers little to those who are unconcerned about spiritual values and seek only a better economic fate. When the question: "What must I do to be saved?" comes to the fore, we should neither discourage that nor consider it unnatural that those who go out to save souls should consider salvation their overriding concern. Their general approach is: "Life in this world has so little to offer you; be careful you don't also forfeit your life eternal. Come to Jesus, then, and let your faith show you the door unto eternal life!"

Saving Souls

Evangelism defined as the saving of souls presents Jesus as the physician who saves us from a terminal illness. People are always grateful to a doctor; they usually do what he prescribes, take whatever medicine is necessary and find themselves recovering. And then, once the immediate danger is past, people pay their medical bill and dismiss the doctor.

This pattern explains the disappointments of many an evangelical crusade. Once people have been "saved," they are left to themselves. Then, when they begin to backslide, evangelism quickly blames the church for failing to follow up. Despite the arrogance which colors this accusation, it is often too true. The church should do much more to introduce the convert to the full-orbed Kingship of Christ. If it does not, the convert may continue to worship Christ as his Savior and Redeemer, but he will not grow up in Christ, his King.

The Reasons for Christ's Redemption

The church's primary task is to instruct the convert in the *reasons* for Christ's work of redemption. His conversion is only a first step. The church's instruction should focus on the glorious Kingship of Christ over all of creation and on the convert's role in that redeemed creation. Now incorporated into the people of God, he must serve the King anointed by God.

Unfortunately, the church itself has hardly ever moved beyond basic evangelization; Christ's Kingship is barely recognized even within the existing Christian community. Everyone knows and confesses that Jesus is our only Prophet, having revealed to us the truth of all things, and our eternal High Priest, having brought the sacrifice leading to reconciliation. Yet few people know of His Kingship. They know that Christ will return at the end of time to bring judgment and that meanwhile He curbs the power of demons, but they do not stand convinced of His full majesty and power, His full dominion. Not many people are prepared to put on His armor, wear His colors, and follow Him into battle against the foe.

An Honorary Title?

A superficial understanding of Christ's Kingship cools the zeal of Christians. The power personified by a King must show itself. If an earthly government demonstrates no power, allowing itself to be intimidated by foreign forces, we soon lose all respect for it. An earthly king or government must flex muscles when called upon to do so. A government without powers – such as an army to maintain security and a police force to maintain order – is not a government.

However, if we expect a display of this kind of power to prove Christ's Kingship, we are bound to be disappointed. His church has been shattered into hundreds of fragments. Sin and corruption abound, and the priests themselves are disloyal to the Kingdom. Dangers from both within and outside the church threaten to undo Christ's dominion. It often seems that the world has vanquished Him. Therefore it seems that "King" is really no more than an honorary title for our Lord.

Let Christ Be King

Our common criteria for Kingship are not applicable, however. Human government has been *mechanically* instituted, while Christ's Kingship is *organic*. There is ultimately only one power, that of the Triune God, Creator of heaven and earth. God *has* all power because He has created all things. His sovereign might is founded in the existence of things. Whoever creates something is completely and ultimately lord and master over that creation.

This can never be said of anything man creates, of course. Not even a poet can create words, though his art may give them special meaning. He must use thoughts and images borrowed from the world around him and a language he himself has inherited. Man's creations are never absolute, but rather derived and relative. But in God, and in Him alone, there is absolute creative power. There is nothing in creation that does not have its origin in Him. This absolute creative power is the power of His divine sovereignty. God could not create anything that would be subject to a law outside of God himself. Such a law could not exist. For that reason, *all creation depends entirely and abso-*

lutely on Him and exists to glorify Him and to fulfill His purposes. For that reason also, there is no power besides God to which the creation is subject. There is only one sovereign power, one dominion: the Triune God. There is, then, only one majesty, the majesty of that Triune God.

Let us then sing the song of the angels:

> You are worthy, O Christ, to take the scroll
> (containing the destiny of the world)
> and to open its seals,
> because you were slain,
> and with your blood you purchased men for God
> from every tribe and language
> and people and nation.
> Christ is King.

Originally published in Christian Renewal, October 11, 1982. Re-published with permission.

El Dominio del Reinado de Cristo

por Abraham Kuyper

El Poder del Hombre sobre la Naturaleza

La Cristiandad Occidental, con su larga historia de fe, debería estar asombrada ante Cristo. Su autoridad debería gobernar todas las relaciones de la vida. Ningún otro nombre debería mandar más respeto entre las naciones que el del Rey ungido por Dios mismo. En tiempos pasados, esto era más o menos el caso, pero no lo es hoy en día. Cristo ya no reina sobre la vida nacional. Entre los creyentes aún no hay nombre más alto que el de Cristo, pero desafortunadamente, aunque es conocido como Salvador, no siempre es honrado como el Rey que Dios nos ha dado.

En general, la sensibilidad religiosa se ha marchitado. Los asuntos y preocupaciones religiosas solían ocupar la mente de las personas, y aunque el mal encontraba su camino en sus vidas, era experimentado como mal. Esto ya no es cierto. Ciertas prácticas religiosas nominales todavía se observan de manera perfunctoria en solemnes ocasiones de estado, pero en general el público está demasiado absorto por preocupaciones materiales como para tomar la "religión" en serio. Incluso la filantropía más fina glorifica solo a la humanidad.

Este giro de los acontecimientos puede explicarse mejor por el aumento del poder del hombre sobre la naturaleza, especialmente desde el siglo XIX, lo que lo liberó de su miedo a las fuerzas naturales. A medida que el hombre se sintió menos dependiente de Dios, y de hecho, perdió su miedo a Dios, la fe comenzó a chocar con la ciencia. A medida que los creyentes comenzaron a identificar el poder del hombre sobre la naturaleza con el poder demoníaco, los cristianos se volvieron cada vez más hostiles hacia las ciencias naturales. Parecía no haber límite para las victorias de la ciencia, y los cristianos no podían ver en el poder del hombre sobre la naturaleza el cumplimiento de la profecía: el espíritu de Cristo gobernando sobre toda la creación. Se aferraron a su fe desesperadamente y lamentaron y resentían profundamente los éxitos de su "enemigo impío". Opuestos a ellos estaban aquellas personas que glorificaban la ciencia y confiaban en sus promesas para su bienestar.

Con el tiempo, la influencia de los no creyentes sobre los creyentes aumentó constantemente. Los creyentes no pudieron aislarse completamente de los beneficios obvios que la ciencia proporcionaba; comenzaron a aprovecharlos. Y ya que originalmente, aunque incorrectamente, habían polarizado la fe y la ciencia, su propia dependencia de la tecnología socavó su fe.

Compromiso e Aislamiento

Así, surgió una situación muy poco saludable dentro de la comunidad de creyentes. Algunos estaban dispuestos a comprometerse "algo" con la ciencia. Había quienes, ansiosos por cerrar la brecha, intentaban encontrar una base científica para su fe. Otros, condenando cualquier "pacto hecho con el diablo", se retiraron al aislamiento.

Durante más de medio siglo, la comunidad cristiana estuvo en tumulto por este asunto. De hecho, la división entre la religión y la vida cotidiana había sacado a la iglesia del ámbito público en conjunto, debilitándola gravemente. Luego surgió una reacción dentro de la comunidad cristiana que regeneró efectivamente su vida de fe. Los cristianos redefinieron su posición con respecto a las ciencias naturales mientras redefinían la realeza de Cristo. Los cristianos llegaron a darse cuenta de que confesar a Cristo solo como Salvador descuidaba la majestad de Su Realeza. Una vez más vieron que el Reino de Cristo se aplicaba no solo a lo espiritual sino a todo el ámbito de la vida humana. Cristo fue reconocido una vez más como el Rey al que todo poder en el cielo y en la tierra ha sido dado.

Por Amor a Cristo

Un rey, por definición, reina. El dominio de Cristo no se logra por la fuerza de las armas, y sin embargo, sin duda es una fuerza. El poder es el atributo primordial de la Realeza, un atributo distinto de los oficios de Cristo como Sacerdote y Profeta. Ser rey tiene otros atributos, pues un rey tiene otras funciones mientras gobierna; sin embargo, incluso sus otros atributos y funciones se derivan en última instancia del atributo central del poder.

Cristo no existe por nosotros; existimos por Él. Los gobiernos humanos existen por el pueblo. En contraste, hemos sido dados a Cristo por el Padre. Somos sus posesiones, sus siervos. Es principalmente en esta relación Señor-siervo que se manifiesta la gloria real de Cristo.

Sin embargo, debemos admitir que muchos cristianos, al enfocarse solo en la obra redentora de Cristo, parecen pensar que Cristo existe por el hombre. De hecho, en esta obra Cristo se ha dado a sí mismo por nosotros en auto-sacrificio y humillación. Podríamos concluir que nuestra salvación fue el único objetivo de la obra redentora de Cristo. Sin embargo, el objetivo real fue la restauración de la justicia y la gloria de Dios. Solo porque somos criaturas de ese Dios y constantemente desafiados por el maligno, la obra redentora de Cristo nos incluyó. Incluso cuando leemos que Dios amó tanto al mundo que dio a Su único Hijo, no podemos concluir que nuestro valor intrínseco motivó a Dios a ser misericordioso con nosotros. Significa que Dios no permitiría que su obra fuera despojada para siempre por Satanás, sino que intervino con los medios definitivos disponibles para restaurar Su poder en la tierra y, de ese modo, rescatar al mundo de la perdición eterna.

Por eso Pablo dijo: "Reconcíliate con Dios" (2 Cor. 5:20), no: "Acepta la oportunidad que Dios te da para ser salvado". Lo último no habría tenido en cuenta la base de la obra redentora de Cristo tanto como su advertencia: "Reconcíliate con Dios".

La Iglesia Primitiva

En la iglesia primitiva, sin embargo, la predicación de la Palabra estaba dirigida hacia la salvación de las almas de las personas. Esto es comprensible, ya que el evangelio se estaba llevando a aquellos que habían sido alejados de Dios. Para tales personas, un llamado a la gloria de Dios y a la Realeza de Cristo habría sido sin sentido. Muchas personas alejadas de Dios no se sienten particularmente infelices con sus vidas en el mundo. Si se enfrentan con una elección radical, podrían malinterpretar el llamado y podrían ser reacios a renunciar a todo lo que han trabajado. Por esta razón, los esfuerzos de evangelización tienen más éxito entre las clases bajas, entre personas que tienen una vida dura en este mundo. Pocas misiones son tan efectivas como el Salvation Army, que se dirige casi exclusivamente a las clases bajas de la sociedad. En América y hasta cierto punto en Inglaterra, la evangelización llega a las clases medias y altas de la sociedad, pero en Europa continental, especialmente después de los decepcionantes fracasos del *Reveil*, pocas personas de las clases más altas e intelectuales han sido alcanzadas. Ocasionalmente, algunos individuos de esas clases son tocados por el evangelio, pero generalmente no como resultado de la evangelización común.

Sabemos por la literatura apostólica que lo mismo ocurrió en la iglesia primitiva. "No muchos de ustedes eran sabios según los criterios humanos", escribe Pablo en 1 Corintios 1:26, "no muchos eran influyentes; no muchos eran de noble cuna". El evangelismo se concentra en aquellos que, no teniendo nada aquí en la tierra, no esperan nada del más allá. Ofrece poco a aquellos que no están preocupados por los valores espirituales y buscan solo un mejor destino económico. Cuando la pregunta: "¿Qué debo hacer para ser salvado?" sale a la luz, no deberíamos desalentar eso ni considerarlo antinatural que aquellos que salen a salvar almas consideren la salvación su principal preocupación. Su enfoque general es: "La vida en este mundo tiene tan poco que ofrecerte; ten cuidado de no perder también tu vida eterna. ¡Ven a Jesús, entonces, y deja que tu fe te muestre la puerta hacia la vida eterna!"

Salvando Almas

El evangelismo definido como la salvación de almas presenta a Jesús como el médico que nos salva de una enfermedad terminal. La gente siempre está agradecida con un médico; usualmente hacen lo que él prescribe, toman la medicina necesaria y se encuentran recuperándose. Y luego, una vez que el peligro inmediato ha pasado, la gente paga su factura médica y despide al médico.

Este patrón explica las decepciones de muchas cruzadas evangélicas. Una vez que las personas han sido "salvadas", se las deja a su suerte. Luego, cuando comienzan a retroceder, el evangelismo rápidamente culpa a la iglesia por no hacer un seguimiento adecuado. A pesar de la arrogancia que tiñe esta acusación, a menudo es demasiado cierta. La iglesia debería hacer mucho más para introducir al converso a la Realeza plena de Cristo. Si no lo hace, el converso puede continuar adorando a Cristo como su Salvador y Redentor, pero no crecerá en Cristo, su Rey.

Las Razones de la Redención de Cristo

La tarea primordial de la iglesia es instruir al converso en las razones de la obra de redención de Cristo. Su conversión es solo el primer paso. La instrucción de la iglesia debería enfocarse en la gloriosa Realeza de Cristo sobre toda la creación y en el papel del converso dentro de esa creación redimida. Ahora, incorporado al pueblo de Dios, debe servir al Rey ungido por Dios.

Desafortunadamente, la iglesia misma apenas ha avanzado más allá de la evangelización básica; la Realeza de Cristo apenas se reconoce incluso dentro de la comunidad cristiana existente. Todos saben y confiesan que Jesús es nuestro único Profeta, habiéndonos revelado la verdad de todas las cosas, y nuestro Sumo Sacerdote eterno, habiendo traído el sacrificio que conduce a la reconciliación. Sin embargo, pocas personas conocen de Su Realeza. Saben que Cristo regresará al final de los tiempos para traer el juicio y que mientras tanto limita el poder de los demonios, pero no están convencidos de Su plena majestad y poder, Su pleno dominio. No muchas personas están preparadas para ponerse Su armadura, llevar Sus colores y seguirlo en la batalla contra el enemigo.

¿Un Título Honorífico?

Una comprensión superficial de la Realeza de Cristo enfría el celo de los cristianos. El poder personificado por un Rey debe mostrarse. Si un gobierno terrenal no demuestra poder, permitiéndose ser intimidado por fuerzas extranjeras, pronto perdemos todo respeto por él. Un rey terrenal o gobierno debe mostrar fuerza cuando se le llame a hacerlo. Un gobierno sin poderes, como un ejército para mantener la seguridad y una fuerza policial para mantener el orden, no es un gobierno.

Sin embargo, si esperamos una demostración de este tipo de poder para probar la Realeza de Cristo, estamos destinados a quedar decepcionados. Su iglesia ha sido destrozada en cientos de fragmentos. El pecado y la corrupción abundan, y los propios sacerdotes son desleales al Reino. Peligros tanto internos como externos a la iglesia amenazan con deshacer el dominio de Cristo. A menudo parece que el mundo lo ha vencido. Por lo tanto, parece que "Rey" realmente no es más que un título honorífico para nuestro Señor.

Dejemos que Cristo Sea Rey

Nuestros criterios comunes para la Realeza no son aplicables, sin embargo. El gobierno humano ha sido instituido de manera *mecánica*, mientras que la Realeza de Cristo es *orgánica*. Últimamente, solo hay un poder, el del Dios Triuno, Creador del cielo y de la tierra. Dios *tiene* todo el poder porque Él ha creado todas las cosas. Su poder soberano se funda en la existencia de las cosas. Quien crea algo es completamente y definitivamente señor y amo de esa creación.

Esto, por supuesto, nunca puede decirse de nada que el hombre crea. Ni siquiera un poeta puede crear palabras, aunque su arte pueda darles un significado especial. Debe usar pensamientos e imágenes tomados del mundo que lo rodea y un lenguaje que él mismo ha heredado. Las creaciones del hombre nunca son absolutas, sino derivadas y relativas. Pero en Dios, y solo en Él, hay poder creativo absoluto. No hay nada en la creación que no tenga su origen en Él. Este poder creativo absoluto es el poder de Su soberanía divina. Dios no podría crear nada que estuviera sujeto a una ley fuera de Dios mismo. Tal ley no podría existir. Por esa razón, *toda la creación depende enteramente y absolutamente de Él y existe para glorificarlo y cumplir Sus propósitos*. Por esa misma razón, no hay poder además de Dios al cual la creación esté sujeta. Solo hay un poder soberano, un dominio: el Dios Triuno. Entonces, solo hay una majestad, la majestad de ese Dios Triuno.

Entonemos entonces el cántico de los ángeles:

> Eres digno, oh Cristo, de tomar el rollo
> (que contiene el destino del mundo)
> y de abrir sus sellos,
> porque fuiste sacrificado,
> y con tu sangre compraste para Dios hombres de toda tribu, lengua, pueblo y nación.

Cristo es Rey.

Publicado originalmente en Christian Renewal, 11 de octubre de 1982. Republicado con permiso.

AUTHORS / AUTORES

STEVEN R. MARTINS

Steven R. Martins is a Christian thinker and writer, founding director of the Cántaro Institute, founding pastor of Sevilla Chapel in St. Catharines, and project manager with Paideia Press. Steven holds a Master's degree *summa cum laude* in Theological Studies with a focus on Christian apologetics from Veritas International University (Santa Ana, CA., USA) and a Bachelor of Human Resource Management from York University (Toronto, ON., Canada). He is the author of several books, including *Apologetics: Studies in Biblical Apologetics for a Christian Worldview*.

VISHAL MANGALWADI

Vishal Mangalwadi is a social reformer, political columnist, Indian Christian philosopher, writer and lecturer. Born in Chhatarpur, M.P., India in 1949, Vishal studied philosophy at the Universities of Allahabad and Indore, then went on an intellectual pilgrimage to several ashrams to study Hinduism from some of its most influential exponents and spent six months in Switzerland studying under Christian apologist Francis Schaeffer. Vishal has been called "India's foremost Christian intellectual" by Christianity Today and is now at the heart of a global movement of Christians seeking the renewal of the Church for the blessings of nations.

RUSSELL GALLOWAY

Russell Galloway is a PhD student at the University of Alabama, where he studies and teaches Spanish language and culture. Before this, Russell taught K-12 Spanish at Christian schools around Washington, D.C. He holds a Master's degree in Spanish from George Mason University (Fairfax, VA, USA) and received his Bachelor of Spanish *Phi Beta Kappa* from Birmingham-Southern College (Birmingham, AL, USA). His nascent doctoral dissertation aims to analyze how the Council of Trent was reproduced or resisted in various authors from 16th/17th century Spain. Russell recently began part-time study at Birmingham Theological Seminary (Birmingham, AL, USA).

ABRAHAM KUYPER

Abraham Kuyper (1837–1920) was a Dutch theologian, politician, and journalist, renowned for founding the Reformed Churches in the Netherlands and the Free University of Amsterdam. As Prime Minister of the Netherlands from 1901 to 1905, he played a key role in the rise of Christian democracy. Kuyper is celebrated for his theory of "sphere sovereignty," emphasizing the distinct roles of societal domains like church and state, and has left a lasting impact on Reformed theology and Christian political ideology.

www.ingramcontent.com/pod-product-compliance
Lightning Source LLC
LaVergne TN
LVHW021054100526
838202LV00083B/5849